Le socialisme et la vie

Collection dirigée par Lidia Breda

Jean Jaurès

Le socialisme et la vie

Préface de Frédéric Worms

Rivages poche
Petite Bibliothèque

Retrouvez l'ensemble des parutions
des Éditions Payot & Rivages sur

www.payot-rivages.fr

106, boulevard Saint-Germain – 75006 Paris

ISBN : 978-2-7436-2136-0

L'idée de Jaurès

L'idée de Jaurès est simple : c'est qu'il y a une idée irréductible en l'homme, de justice, d'unité, de liberté et de paix, et qu'elle anime l'histoire.

Mais l'idée de Jaurès est complexe, voire contradictoire ; non pas dans des contradictions logiques, qu'elle invente, mais dans des contradictions réelles, qu'elle affronte : il faut concilier cette idée, en effet, avec notre condition, la vie, la matière, le matérialisme ; tout comme le socialisme avec la liberté, et l'individu ; et la paix avec les patries, et le patriotisme.

L'idée de Jaurès est « datée », et même deux fois datée ; elle est datée philosophiquement, elle implique une théorie de l'homme, de l'esprit, de la société, qui est de son moment, pensée singulière en relation avec d'autres pensées singulières ; et elle est datée historiquement, pensée, disons-le avec netteté, non seulement d'avant les guerres mondiales qu'elle a pressenties, mais, surtout, d'avant les totalitarismes, qu'elle n'a pu deviner.

Mais l'idée de Jaurès est actuelle, non pas certes comme un étendard vague et sans contenu, mais pas non plus comme un programme précis qu'on pourrait reprendre ; non pas donc comme une simple figure tutélaire de congrès, mais pas non plus comme une hypothèse « communiste », qu'on pourrait prendre ou reprendre telle quelle, alternative supposée (ce qu'elle n'est pas chez lui) à « l'individualisme » ; mais plutôt, précisément, pour conduire vers une sortie *hors de cette alternative*, pour reconduire, donc, vers ce qu'elle est chez lui, et au-delà de lui, une politique des *relations sociales* entre les hommes.

Tels sont les points qu'il faudrait développer.

Mais ce qu'ils impliquent est une multiple étude qu'on ne fera ici qu'indiquer et appeler en quelque sorte de nos vœux.

Ce serait d'abord une étude historique et philosophique, une étude, si l'on veut, d'histoire de la philosophie, avec sans doute des surprises. Jaurès philosophe, ce sont ses deux thèses : la première, sur « la réalité du monde sensible » où il débat avec la thèse de son condisciple, Bergson, parue quatre ans avant la sienne, pour opposer à une « conscience » temporelle apparemment coupée du monde, un « esprit » qui réalise son unité dans celui-ci ; mais aussi la deuxième, en Latin, sur les origines du socialisme allemand, qui, justement, réalise cette idée dans l'histoire. Ainsi, Jaurès est-il bien au point de croisement de la philosophie de l'esprit et de la philosophie de l'histoire, de l'histoire du « spiritualisme » et de l'histoire du « marxisme » en France. Il suffit à compliquer et enrichir l'une et l'autre. Cet « esprit » n'est pas ce qu'on croit, chez lui mais non plus chez Bergson, ou Brunschvicg, ses contemporains, avec qui il est certes en opposition, mais dont il partage le problème, celui d'un acte qui ne se réduit pas à une chose, mais qui n'existe pas en dehors de ses effets, et qui se traduit, ainsi, dans le monde et dans l'histoire. Mais cette « matière » et cette « histoire » ne peuvent donc, non plus, se penser sans cette « idée » agissante. Il faut faire une place à la subjectivité concrète dans l'histoire concrète. Une autre figure du siècle, centrale et controversée, aura repris cette question, tout comme aussi le titre qui ouvrait les « études socialistes » auxquelles appartenait « le socialisme et la vie », *Questions de méthode* : c'est Sartre, dont toute la *Critique de la raison dialectique*, et pas seulement ce titre (« questions de méthode ») sur lequel elle s'ouvre, sonne comme un hommage méconnu à Jaurès, celui qui écrivait au mur des congrès socialistes : « L'histoire ne se fait pas toute seule ».

Mais ce serait aussi une étude historique, et politique, une étude, si l'on veut, d'histoire de la politique, où la tension entre idée et vie, principes et conflit ou lutte, n'est pas seulement théorique, mais anime les débats les plus vifs, avec Guesde (la nécessité d'intervenir dans l'Affaire, dans l'Affaire Dreyfus), avec Clémenceau (qui incarne lui aussi la contradiction du siècle, au début du siècle), avec Péguy (qui lui reprocha tant ses contradictions) parmi bien d'autres (mais cela ne serait déjà pas rien). Cette histoire, elle aussi, serait donc complexe, et relationnelle, bien loin de tout simplisme unilatéral. Certaines de nos contradictions, héritées sans doute de la grande toile de fond qu'est alors la Révolution française, s'y révèlent nettement, avec leurs polarités extrêmes que l'on ne peut sacrifier : les droits de l'homme et la justice sociale, les conflits sociaux et économiques et la légalité, l'idée de paix entre les nations. Revenir à ce moment, qui agite ces questions politiques, morales, historiques, est donc une nécessité. Elle s'impose aussi pour mesurer ce qui nous en sépare : les guerres, donc, et le totalitarisme, devenu, à son tour, et sans doute pour un moment, la toile de fond de ces polarités qui demeurent, mais aimantées, désormais, inévitablement, par elle. Ce n'est plus seulement un risque, cette guerre que Jaurès voyait venir, ou cette structure totalitaire qui n'était pour lui qu'un des dangers possibles du « communisme » ; les éviter est désormais un principe légitime et premier de l'action, mais qui n'abolit pas les autres, apparemment négatif, et réellement impératif, mais qui retrouve aussi sa positivité si on se penche à nouveau sur les questions de fond.

Car là est l'essentiel : repenser les relations sociales avec leur double polarité que décrit si bien Jaurès : individualité sous toutes ses formes, unité dans toute sa portée. Ce sont ces relations, constitutives d'individus qui ne s'y réduisent cependant pas, à qui elles permettent au contraire leur pleine réalisation, mais aussi d'une société qui se construit en même temps à travers eux, jusqu'au plan international ou cosmopolitique, ce sont ces relations donc, qu'il s'agit de nouveau de penser. Peut-être peut-on dire en effet que penser le socialisme ce n'est plus penser l'abolition de la propriété mais c'est penser de nouveau la société, qui en permet l'exercice dans la liberté et l'égalité, dans l'accomplissement de tous et de chacun, dans l'accomplissement des tâches communes et des travaux individuels, des besoins de tous et des désirs de chacun, dans le refus aussi des menaces et des dangers communs, d'un genre ou d'un autre. Une politique des relations sociales est une politique qui les prend tout entières comme objet, dans leurs tensions mêmes : qui prend soin des relations mais aussi des individus, des autres mais aussi de soi, ou des « soi », des principes mais aussi du monde, lui-même deux fois commun, « naturel » mais aussi « historique » retrouvant finalement la grande ambition politique et même « cosmique » de Jaurès, politique mais aussi philosophe, après en avoir mesuré cependant les tensions internes et les risques externes, les épreuves que l'histoire lui a fait connaître, et donc le renouvellement, c'est-à-dire aussi la transformation,qu'il faut aujourd'hui lui apporter, sans renoncer pourtant à ce qui l'anime, cette idée, cette aspiration, cette orientation mêmes.

Frédéric WORMS

Idéalisme et matérialisme dans la conception de l'histoire[1]

Citoyennes et citoyens,

Je vous demande d'abord toute votre patience, parce que c'est à une déduction purement doctrinale que j'entends me livrer ce soir devant vous.

Je veux aussi, tout d'abord, vous prémunir contre une erreur qui pourrait résulter de ce fait que le sujet que je vais traiter devant vous, j'en ai déjà parlé il y a quelques mois. J'ai alors exposé la thèse du matérialisme économique, l'interprétation de l'histoire, de son mouvement, selon Marx ; et je me suis appliqué à ce moment à justifier la doctrine de Marx, de telle sorte qu'il pouvait apparaître que j'y adhérais sans restriction aucune.

Cette fois-ci, au contraire, je veux montrer que la conception matérialiste de l'histoire

1. Conférence du 12 décembre 1894.

n'empêche pas son interprétation idéaliste. Et, comme dans cette deuxième partie de ma démonstration, on pourrait perdre de vue la force des raisons que j'ai données en faveur de la thèse de Marx, je vous prie donc, pour qu'il n'y ait pas de méprise sur l'ensemble de ma pensée, de corriger l'une par l'autre, de compléter l'une par l'autre, les deux parties de l'exposé que nous avons été obligés de scinder.

J'ai montré, il y a quelques mois, que l'on pouvait interpréter tous les phénomènes de l'Histoire du point de vue du matérialisme économique, qui, je le rappelle seulement, n'est pas du tout le matérialisme physiologique. Marx n'entend pas dire, en effet, le moins du monde, que tout phénomène de conscience ou de pensée s'explique par de simples groupements de molécules matérielles ; c'est là même une hypothèse que Marx et plus récemment Engels traitent de métaphysique et qui est écartée aussi bien par l'école scientifique que par l'école spiritualiste.

Ce n'est pas non plus ce que l'on appelle parfois le matérialisme moral, c'est-à-dire la subordination de toute l'activité de l'homme à la satisfaction des appétits physiques et à la recherche du bien-être individuel. Au contraire, si vous vous rappelez comment, dans son livre *Le Capital*, Marx traite la conception utilitaire anglaise, si vous vous rappelez comment il parle avec dédain, avec mépris, de ces théoriciens de l'utilitarisme comme Jeremy Bentham, qui prétendent que l'homme n'agit toujours qu'en vue d'un intérêt personnel consciemment recherché par lui, vous verrez qu'il n'y a rien de commun entre ces deux doctrines. Bien mieux, c'est l'inverse ; car précisément parce que Marx estime que les modes mêmes du sentiment et de la pensée sont déterminés dans l'homme par la forme essentielle des rapports économiques de la société où il vit, par là, Marx fait intervenir dans la conduite de l'individu des forces sociales, des forces collectives, des forces historiques dont la puissance dépasse celle des mobiles individuels et égoïstes. Ce qu'il entend, c'est que ce qu'il y a d'essentiel dans l'histoire, ce sont les rapports économiques, les rapports de production des hommes entre eux.

C'est selon que les hommes sont rattachés les uns aux autres par telle ou telle forme de la société économique, qu'une société a tel ou tel caractère, qu'elle a telle ou telle conception de la vie, telle ou telle morale, et qu'elle donne telle ou telle direction générale à ses entreprises. De plus, suivant Marx, ce n'est pas selon une idée abstraite de justice, ce n'est pas selon une idée abstraite du droit, que les hommes se meuvent : ils se meuvent parce que le système social formé entre eux, à un moment donné de l'histoire, par les relations économiques de production, est un système instable qui est obligé de se transformer pour faire place à d'autres systèmes ; et c'est la substitution d'un système économique à un autre, par exemple de l'esclavage à l'anthropophagie, c'est cette substitution qui entraîne une correspondance naturelle, une transformation équivalente dans les conceptions politiques, scientifiques et religieuses : en sorte que, selon Marx, le ressort le plus intime et le plus profond de l'histoire, c'est le mode d'organisation des intérêts économiques.

Le nom de matérialisme économique s'explique donc en ce que l'homme ne tire pas de son cerveau une idée toute faite de justice, mais qu'il se borne à réfléchir en lui, à réfléchir dans sa substance cérébrale, les rapports économiques de production.

En regard de la conception matérialiste, il y a la conception idéaliste sous des formes multiples. Je la résumerai ainsi : c'est la conception d'après laquelle l'humanité, dès son point de départ, a pour ainsi dire une idée obscure, un pressentiment premier de sa destinée, de son développement.

Avant l'expérience de l'histoire, avant la constitution de tel ou tel système économique, l'humanité porte en elle-même une idée préalable de la justice et du droit, et c'est cet idéal préconçu qu'elle poursuit, de forme de civilisation en forme supérieure de civilisation ; et quand elle se meut, ce n'est pas par la transformation mécanique et automatique des modes de la production, mais sous l'influence obscurément ou clairement sentie de cet idéal.

En sorte que c'est l'idée elle-même qui devient le principe du mouvement et de l'action, et que bien loin que ce soient les conceptions intellectuelles qui dérivent des faits économiques, ce sont les faits économiques qui traduisent peu à peu, qui incorporent peu à peu, dans la réalité et dans l'histoire, l'idéal de l'humanité.

Telle est, indépendamment des innombrables formules que la diversité des systèmes philosophiques ou religieux a données à cette thèse, la conception de l'idéalisme dans l'histoire. Or, remarquez, citoyens, en fait, ces deux conceptions qui semblent s'opposer l'une à l'autre, qui semblent être exclusives l'une de l'autre, je dirai presque que dans la conscience contemporaine elles sont à peu près confondues et réconciliées. Il n'y a pas, en fait, un seul idéaliste qui ne convienne qu'on ne pourrait réaliser un idéal supérieur de l'homme sans une transformation préalable de l'organisme économique ; et, en revanche, il y a bien peu d'adeptes du matérialisme économique, qui ne se laissent aller à l'idée de la justice et du droit, il y en a bien peu qui se bornent à prévoir dans la société communiste de demain une réalisation plus haute de la justice et du droit.

Y a-t-il là contradiction ? Marx a toujours voulu maintenir l'intégrité un peu âpre de sa formule et il n'a eu que railleries pour ceux qui croient ajouter à la force de l'évolution économique et du mouvement socialiste, en faisant appel à l'idée pure de justice ; il n'a eu que railleries pour ceux qui, selon sa parole, « veulent jeter sur la réalité de l'histoire, sur le corps même des faits, une sorte de voile tissé des fils les plus immatériels de la dialectique, bordé de fleurs de rhétorique et trempé de rosée sentimentale ».

Il s'agit pour nous de savoir si cette conciliation entre la conception matérialiste et la conception idéaliste de l'histoire, qui est réalisée en fait dans notre pays par l'instinct, peut-être aveugle, de la conscience socialiste, il s'agit de savoir si elle est théoriquement et doctrinalement possible ou s'il y a là une insoluble contradiction, si nous sommes obligés de faire un choix décisif entre les deux conceptions ou si nous pouvons logiquement et raisonnablement les considérer l'une l'autre comme les deux aspects différents d'une même vérité.

Il m'est impossible de résoudre cette question particulière sans la rattacher à un problème plus général, sans dire comment, à mon sens, se pose aujourd'hui, devant l'esprit humain, le problème même de la connaissance. Au point de vue où, pour ma part, je suis placé, je dis et je crois constater que l'effort de la pensée humaine depuis quatre siècles, depuis la Renaissance, c'est la conciliation, la synthèse des contraires et même des contradictoires : là est la marque, la caractéristique de tout le mouvement philosophique et intellectuel.

La Renaissance se trouvait devant une sorte de contradiction en apparence insoluble : l'esprit chrétien persistant et l'esprit de l'Antiquité réveillé. Or l'esprit de l'Antiquité c'était le culte, mieux que l'acceptation, l'adoration de la nature ; l'esprit chrétien, c'était la condamnation, la négation de la nature.

En sorte que les hommes pensants, au sortir du Moyen Âge, se sont trouvés en face d'un héritage intellectuel contradictoire, d'un dualisme à concilier, à ramener à l'unité.

Le problème s'aggravait particulièrement par le développement même de l'esprit scientifique et de la science expérimentale, car par l'étude rigoureuse, positive, des phénomènes naturels, par l'application de la mécanique, de la mathématique à l'étude des forces naturelles, la nature perdait ce prestige de beauté, cette apparence de vie intérieure et divine qu'elle avait eue pour les hommes antiques.

Il fallait, d'une part, concilier la nature telle que l'avait conçue l'Antiquité avec la conception chrétienne ; il fallait, d'autre part, concilier la nature telle que la faisait la science nouvelle, la nature, simple enchaînement de phénomènes déterminés par des nécessités purement mécaniques, avec la libre aspiration de l'esprit humain.

C'est d'abord Descartes qui, par un singulier artifice de méthode, commence par s'enfermer, comme le chrétien, dans l'intérieur de sa conscience, par rejeter la vie extérieure et écarter la nature comme un fantôme problématique.

Réduit à la constatation de sa pensée, il retrouve l'idée de Dieu, et réalise ainsi cette sorte d'isolement de la conscience et de Dieu, qui, avec la répudiation de la nature, est la marque du christianisme.

Puis, lorsqu'il s'est créé ainsi une première certitude et une première méthode, au lieu d'organiser simplement sa vie intérieure, comme le chrétien, il veut connaître avec certitude la nature elle-même ; en sorte qu'après avoir traversé l'état d'esprit chrétien, il ne s'en sert que pour fonder la science positive, expérimentale et déductive.

Dans Leibniz, vous voyez la même tentative pour ramener à l'unité l'homme et la nature, en montrant partout, jusque dans les forces purement matérielles, jusque dans cette table, jusque dans ce sol sur lequel nous marchons, quelque chose d'analogue à l'esprit ; le désir, le sens même de la beauté, des rapports harmonieux, mathématiques et certains, dans les lois de la physique et les combinaisons de la chimie. C'est la même conciliation entre l'universel déterminisme et l'universelle liberté.

D'un côté, il affirme qu'il n'y a pas dans le monde un seul mouvement qui ne soit lié à l'infini à d'autres mouvements. Le mouvement que je détermine en ce moment dans l'atmosphère par l'émission de la voix est la suite d'innombrables mouvements antérieurs, et ce mouvement lui-même sera répercuté à l'infini, ébranlant imperceptiblement la muraille même de cette enceinte, par elle l'atmosphère extérieure, et par là se transmettant sous des formes obscures que nous ne pouvons suivre mais que rien n'arrête ; de telle sorte que nous ne pouvons produire un seul mouvement, déplacer un seul grain de sable, sans modifier l'équilibre de l'univers tout entier.

Mais en même temps que cette liaison des mouvements, des phénomènes, des faits, est universelle et illimitée, il n'y a pas une seule force qui procède par la contrainte : lorsqu'une boule de billard en choque une autre, cette dernière se met en mouvement ; mais elle ne le fait que suivant certaines lois d'élasticité qui lui sont propres, qui résultent de sa contexture, et ce mouvement qui a l'air de venir du dehors jaillit du dedans : il y a tout ensemble continuité et spontanéité absolue.

Pour Spinoza, c'est la même conciliation entre la nature et Dieu, entre le fait et l'idée, entre la force et le droit.

Pour Kant, vous le savez tous, le problème philosophique consiste expressément à trouver la synthèse des affirmations contradictoires qui s'offrent à l'esprit de l'homme : l'univers est-il limité ou infini ? Le temps est-il limité ou infini ? La série des causes est-elle limitée ou infinie ? Tout est-il soumis à l'universelle et inflexible nécessité, ou y a-t-il une part pour la liberté des actions humaines ?

Autant de thèses et d'antithèses, de négations et d'affirmations, entre lesquelles hésite l'esprit.

L'effort de la philosophie kantienne est tout entier dans la solution de ces contradictions, de ces antinomies fondamentales.

Enfin, c'est Hegel qui vient donner la formule même de ce long travail en disant que la vérité est dans la contradiction : ceux-là se trompent, ceux-là sont les jouets d'une logique étroite, illusoire, qui affirment une thèse sans lui opposer la thèse inverse. En fait, dans la nature, dans la réalité, les contraires se pénètrent, le fini par exemple et l'infini se pénètrent : ce plateau est limité, c'est une surface restreinte et pourtant dans la limite de cette surface, je puis tracer indéfiniment figures et figures ; en sorte que si vous vous bornez à affirmer la limitation de carré, vous ne dites qu'une part de la vérité, vous êtes dans l'erreur ; il est tout ensemble fini et infini.

De même vous vous trompez en séparant ce qui est rationnel de ce qui est réel, et ce qui est réel de ce qui est rationnel.

D'habitude, on s'imagine qu'une chose, parce qu'elle est, est une dérogation à l'idéal, qu'elle ne peut pas être, par exemple la beauté, la vérité absolue ; on s'imagine que l'idéal ne peut être qu'une conception, que dès qu'il se réalise, il se diminue. Ce sont là des idées arbitraires et fausses ; tout ce qui est rationnel rentre nécessairement dans la vie ; il n'y a pas une idée rationnelle qui ne soit traduite dans la réalité et il n'est pas une seule réalité qui ne puisse se ramener à une idée et recevoir une explication rationnelle.

Cette grande formule de la synthèse des contraires, de la conciliation des contradictions par l'identité du rationnel et de l'idéal, a eu une influence profonde.

Nous ne disons plus de telle ou telle période de l'histoire qu'elle n'est qu'une période de barbarie, nous disons : tout ce qui est par cela seul qu'il est, tout ce qui a été par cela seul qu'il a été, avait sa raison et sa racine dans la raison, mais ce n'était pas la raison complète.

Je crois inutile de rappeler aux adeptes de la doctrine de Marx que Marx a été le disciple intellectuel de Hegel ; il le déclare, il le proclame lui-même dans son introduction du *Capital* (et Engels, depuis quelques années, semble, par cette pente qui porte l'homme qui a longtemps vécu à revenir vers ses origines, s'appliquer à l'étude approfondie de Hegel lui-même). Il y a une application saisissante de cette formule des contraires, lorsque Marx constate aujourd'hui l'antagonisme des classes, l'état de guerre économique, opposant la classe capitaliste à la classe prolétarienne ; parce que cet antagonisme est né sous le régime capitaliste, sous un régime de guerre et de division, il prépare un régime nouveau de paix et d'harmonie. Selon la vieille formule d'Héraclite, que Marx se plaît à citer : « La paix n'est qu'une forme, un aspect de la guerre ; la guerre n'est qu'une forme, un aspect de la paix. Il ne faut pas opposer l'une à l'autre ; ce qui est lutte aujourd'hui est le commencement de la réconciliation de demain. »

La pensée moderne de l'identité des contraires se retrouve encore dans cette autre conception admirable du marxisme : l'humanité a été jusqu'ici conduite, pour ainsi dire, par la force inconsciente de l'histoire ; jusqu'ici ce ne sont pas les hommes qui se meuvent eux-mêmes ; ils s'agitent et l'évolution économique les mène ; ils croient produire les événements ou s'imaginent végéter et rester toujours à la même place, mais les transformations économiques s'opèrent à leur insu même, et à leur insu elles agissent sur eux. L'humanité a été, en quelque sorte, comme un passager endormi qui serait porté par le cours d'un fleuve sans contribuer au mouvement, ou du moins sans se rendre compte de la direction, se réveillant d'intervalles en intervalles et s'apercevant que le paysage a changé.

Eh bien ! Lorsque sera réalisée la révolution socialiste, lorsque l'antagonisme des classes aura cessé, lorsque la communauté humaine sera maîtresse des grands moyens de production selon les besoins connus et constatés des hommes, alors l'humanité aura été arrachée à la longue période d'inconscience où elle marche depuis des siècles, poussée par la force aveugle des événements, et elle sera entrée dans l'ère nouvelle où l'homme, au lieu d'être soumis aux choses, réglera la marche des choses. Mais cette ère prochaine de pleine conscience et de pleine clarté, elle n'a été rendue possible que par une longue période d'inconscience et d'obscurité.

Si les hommes, à l'origine incertaine de l'histoire, avaient voulu délibérément régler la marche des événements et des choses, ils auraient contrarié simplement le cours de ces événements, ils auraient gaspillé les ressources de l'avenir, et pour avoir voulu agir trop tôt avec pleine conscience, ils se seraient retiré le moyen d'agir jamais avec pleine conscience ; comme l'enfant que l'on aurait appelé trop tôt à la vie pleinement consciente de la raison réfléchie, et en qui l'on n'aurait pas laissé se produire l'évolution inconsciente de la vie organique et des premières manifestations de la vie morale, pour avoir été un penseur à la première heure de la vie, aurait été incapable de penser ensuite.

Pour Marx, cette vie inconsciente était la condition même et la préparation de la vie consciente de demain, et ainsi encore l'histoire se charge de résoudre une contradiction essentielle. Eh bien ! je demande si l'on ne peut pas, si l'on ne doit pas, sans manquer à l'esprit même du marxisme, pousser plus loin cette méthode de conciliation des contraires, de synthèse des contradictoires, et chercher la conciliation fondamentale du matérialisme économique et de l'idéalisme appliqué au développement de l'histoire.

Remarquez dans quel esprit – et je vous demande pardon de ces longs préliminaires, mais il n'y a pas de question particulière qui puisse être résolue si l'on ne s'est entendu sur une philosophie générale –, remarquez dans quel esprit je cherche cette conciliation du matérialisme économique et de l'idéalisme historique et moral.

Je ne veux pas faire à chacun sa part, je ne veux pas dire qu'il y a une partie de l'histoire qui est gouvernée par les nécessités économiques et il y en a une autre dirigée par une idée pure, par un concept, par l'idée, par exemple, de l'humanité, de la justice ou du droit ; je ne veux pas mettre la conception matérialiste d'un côté d'une cloison, et la conception idéaliste de l'autre. Je prétends qu'elles doivent se pénétrer l'une l'autre, comme se pénètrent, dans la vie organique de l'homme, la mécanique cérébrale et la spontanéité consciente.

Je dis qu'il n'y a pas dans le cerveau un seul mouvement qui ne corresponde d'une façon claire ou obscure à un état de conscience, et qu'il n'y a pas un seul état de conscience qui ne corresponde à un mouvement cérébral. Et si l'on pouvait ouvrir le cerveau et suivre l'infinie délicatesse des mouvements qui s'y produisent, s'y déterminent et s'y enchaînent, on pourrait suivre par l'envers physiologique tout le travail psychologique de nos pensées, de nos conceptions, de nos volitions ; et pourtant il y a là une singulière antinomie résolue par la vie sans que nous paraissions nous en douter.

Oui, au moment même où je parle, mon idée, par quoi est-elle déterminée ?

Elle est déterminée par une idée antérieure avec laquelle elle a des rapports logiques, et toutes nos idées s'enchaînent les unes aux autres selon certains rapports logiques, intelligibles, ou de ressemblance, ou d'opposition ou de causalité.

En sorte que dans la trame de nos pensées, n'interviennent, en apparence, que des forces logiques, et que, de plus, il semble que toute l'activité présente dans mon esprit conscient soit déterminée par une idée de l'avenir.

Si je prononce en ce moment des paroles, c'est bien parce que l'idée que j'exprime en cette minute a été longuement amenée par une idée antérieure et par toute la suite des idées antérieures ; mais c'est aussi parce que je veux réaliser, dans l'avenir que je vois devant moi, un but, une intention, une fin ; c'est parce que je veux aboutir à une démonstration complète que je conduis en ce moment mes pensées dans la direction qu'elles suivent, en sorte que ma pensée présente, en même temps qu'elle est déterminée par la série des pensées antérieures, semble provoquée par une idée d'avenir.

Au contraire, dans le développement physiologique, mécanique des mouvements cérébraux, celui qui accompagne en ce moment la pensée que j'exprime n'est déterminé que par un mouvement antérieur ; en sorte, citoyens, que notre vie est à la fois physiologique et consciente, à la fois mécanique et spontanée. Dans l'enchaînement des mouvements cérébraux, le présent n'est déterminé que par le passé, tandis que dans l'enchaînement des idées, des concepts conscients, le présent semble déterminé par l'avenir.

On dirait donc qu'il y a contradiction absolue entre le mode selon lequel fonctionne ma vie cérébrale et le mode selon lequel fonctionne le développement conscient de nos idées et de nos pensées.

Et pourtant, quoiqu'il y ait antinomie apparente entre ces deux modes, entre ces deux points de vue, la synthèse est faite, la conciliation est faite, et il n'y a pas une seule de mes pensées qui ne corresponde à un mouvement cérébral comme il n'y a pas un seul mouvement cérébral qui ne corresponde au moins à un commencement de pensée.

Or, il en est de même dans l'histoire et en même temps que vous pouvez expliquer tous les phénomènes historiques par la pure évolution économique, vous pouvez aussi les expliquer par le désir inquiet, permanent, que l'humanité a d'une forme supérieure d'existence, et pour préciser la question, voici, citoyens, comment, à mon sens, le problème se pose, voici les explications complémentaires que je suis obligé de demander aux théoriciens du marxisme.

Marx dit : « Le cerveau humain ne crée pas de lui-même une idée du droit qui serait vaine et creuse ; il n'y a dans toute la vie, même intellectuelle et morale de l'humanité, qu'un reflet des phénomènes économiques dans le cerveau humain. »

Eh bien ! je l'accepte. Oui, il n'y a dans tout le développement de la vie intellectuelle, morale, religieuse, de l'humanité, que le reflet des phénomènes économiques dans le cerveau humain ; oui, mais il y a en même temps le cerveau humain, il y a par conséquent la préformation cérébrale de l'humanité.

L'humanité est le produit d'une longue évolution physiologique qui a précédé l'évolution historique, et lorsque l'homme, selon cette évolution physiologique, a émergé de l'animalité, immédiatement inférieure, il y avait déjà dans le premier cerveau de l'humanité naissante des prédispositions, des tendances.

Quelles étaient-elles ?

Il y avait d'abord l'aptitude à ce que j'appellerai les sensations désintéressées. À mesure que l'on s'élève dans l'échelle de la vie animale, on constate que les sens purement égoïstes se subordonnent peu à peu aux sens esthétiques et désintéressés. Aux rangs inférieurs de l'animalité, la vue est peu développée, l'ouïe l'est peu, ce qui est développé c'est l'odorat, c'est la faculté de préhension ; c'est le goût, c'est-à-dire tous les sens qui sont mis surtout en mouvement par la proie, tous les sens qui mettent surtout en mouvement l'appétit physique et égoïste. Au contraire, à mesure qu'on s'élève dans l'animalité, voyez se développer le sens de l'ouïe, et le sens de la vue. Et c'est par l'œil qu'arrive à l'animal l'image de la proie, qu'il devrait saisir il est vrai, mais en même temps bien d'autres images lui arrivent qui ne peuvent mettre en mouvement son appétit animal ; par l'ouïe, si l'animal recueille bien des bruits, des rumeurs qui peuvent le mettre sur la trace de la proie, ou qui peuvent l'avertir du danger, il lui arrive aussi bien des harmonies qui n'ont aucun rapport immédiat avec son appétit physique et les conditions positives de sa sécurité. En sorte que, par la vue inondée d'images qui dépassent la sensibilité immédiate de l'animal, par l'ouïe pénétrée de sonorités qui dépassent le besoin immédiat de l'animal, l'univers pénètre dans l'animalité, sous une autre forme que celle de la lutte pour la vie. C'est déjà dans l'animal le besoin, la joie, l'éblouissement de la lumière, c'est déjà le besoin, la joie, l'enchantement de la mélodie et de l'harmonie ; du fond de la vie organique purement égoïste va éclore peu à peu le sens esthétique et désintéressé, et dans la forêt profonde, toute frissonnante de rumeurs et de clarté, l'univers entre dans l'animal comme un roi.

Outre cette prédisposition première que l'homme-animal apportait au début de la longue évolution économique, il y avait de plus la faculté, déjà éveillée chez les animaux eux-mêmes, de saisir le général dans le particulier, le type de l'espèce dans l'individu, de démêler la ressemblance générique à travers les diversités individuelles.

Dans les autres individus qui vont passer devant lui, avec lesquels les lois du développement économique le mettront en contact, l'individu homme, et l'animal homme, ne verra pas seulement des formes associées ou ennemies, il verra des forces semblables et alors il y a en lui un premier instinct de sympathie imaginative qui, par la ressemblance saisie et constatée, lui permettra de deviner et de sentir les joies des autres, de deviner et d'éprouver leurs douleurs. Dès le début de la vie, à côté de l'égoïsme brutal, on trouve ce sentiment préparant la réconciliation fraternelle de tous les hommes après les séculaires combats.

Enfin, dès le début de sa vie, avant la première manifestation de sa pensée, l'homme a ce que l'on peut appeler le sens de l'unité, la première manifestation de son mouvement intellectuel c'est la réduction de tous les êtres, de toutes les formes et de toutes les forces, à une unité vaguement entrevue ; voilà comment on peut dire que l'homme est, dès sa première heure, un animal métaphysicien, puisque l'essence même de la métaphysique, c'est la recherche de l'unité totale dans laquelle seraient compris tous les phénomènes et enveloppées toutes les lois.

La preuve de ce sens premier de l'unité est dans la création spontanée de langage, avec ses hiérarchies de mots, qui ne font que représenter des hiérarchies d'idées s'enveloppant les unes dans les autres, avec ses catégories verbales traduisant les catégories intellectuelles.

En résumé, j'accorde à Marx que tout le développement ultérieur ne sera que le réfléchissement de phénomènes économiques dans le cerveau, mais à condition que nous disions qu'il y a déjà dans ce cerveau, par le sens esthétique, par la sympathie imaginative et par le besoin d'unité, des forces fondamentales qui interviendront dans la vie économique.

Remarquez, encore une fois, que je ne juxtapose pas les facultés intellectuelles aux forces économiques, que je ne veux pas reconstituer ce syndicat de facteurs historiques que notre éminent ami Gabriel Deville a dispersé avec tant de vigueur il y a quelques mois. Non, je ne veux pas cette juxtaposition, mais je dis qu'il est impossible que les phénomènes économiques constatés pénètrent dans le cerveau humain sans y mettre en jeu ces ressorts primitifs que j'analysais tout à l'heure. Et voilà pourquoi je n'accorde pas à Marx que les conceptions religieuses, politiques, morales ne sont qu'un reflet des phénomènes économiques. Il y a dans l'homme une telle pénétration de l'homme même et du milieu économique qu'il est impossible de dissocier la vie économique et la vie morale pour les subordonner l'une à l'autre, il faudrait d'abord les abstraire l'une de l'autre ; or, cette abstraction est impossible : pas plus qu'on ne peut couper l'homme en deux et dissocier en lui la vie organique et la vie consciente, on ne peut couper l'humanité historique en deux et dissocier en elle la vie idéale et la vie économique. Telle est ma thèse, dont je trouve la confirmation partielle dans la philosophie grecque.

Les Grecs n'ont pas commencé à constater les antinomies économiques, les lois qui établissent l'ordre dans la cité, l'opposition et la conciliation des pauvres et des riches, pour projeter ensuite leurs observations économiques sur l'univers ; non, ils ont d'un même coup d'œil et dans une même conception réuni les phénomènes économiques et les phénomènes naturels. Voyez Héraclite, Empédocle, Anaximandre ; ils constatent dans des formules uniques les liens et les contradictions des éléments, que ces éléments appartiennent à la nature, le chaud et le froid, le lumineux et le ténébreux, ou à l'organisme physiologique, les sains et les malades, ou à la vie intellectuelle, le parfait et l'imparfait, l'égal et l'inégal, ils font une table unique de ces oppositions empruntées soit à la nature, soit à la société, et c'est dans Héraclite le même mot *Cosmos* qui formule tout à la fois l'ordre du monde résultant de la conciliation des contraires, et l'ordre dans la cité résultant de la conciliation des factions. C'est d'une seule vue que les penseurs grecs saisissent l'ordre du monde se débrouillant du chaos social.

Ne pouvant en quelques paroles, à la fois trop longues et trop brèves, qu'effleurer la question, je me borne à adresser aux théoriciens marxistes une autre demande d'explications, et je leur dis ceci :

Quel jugement portez-vous, si vous en portez un (et de cela je suis certain), sur la direction du mouvement économique et du mouvement humain ?

Il ne suffit pas de dire qu'une forme de la production succède à une autre forme de la production ; il ne suffit pas de dire que l'esclavage a succédé à l'anthropophagie, que le servage a succédé à l'esclavage, que le salariat a succédé au servage, et que le régime collectiviste ou communiste succédera au salariat. Non, il faut encore se prononcer. Y a-t-il évolution ou progrès ? Et s'il y a progrès, quelle est l'idée décisive et dernière à laquelle on mesure les diverses formes du développement humain ? Et encore, si l'on veut écarter comme trop métaphysique, cette idée de progrès, pourquoi le mouvement de l'histoire a-t-il ainsi été réglé de forme en forme, d'étape économique en étape économique, de l'anthropophagie à l'esclavage, de l'esclavage au servage, du servage au salariat, du salariat au régime socialiste, et non pas d'une autre façon ? Pourquoi, en vertu de quel ressort, je ne dis pas en vertu de quel décret providentiel, puisque je reste dans la conception matérialiste et positive de l'histoire, mais pourquoi, de forme en forme, le développement humain a-t-il suivi telle direction et non pas telle autre ?

Pour moi la raison en est simple, si l'on veut admettre l'action de l'homme comme homme, l'action de ces forces humaines initiales dont j'ai parlé.

C'est que, précisément parce que les rapports économiques de production s'adressent à des hommes, il n'y a pas une seule forme de production qui ne renferme une contradiction essentielle, tant que la pleine liberté et la pleine solidarité des hommes n'aura pas été réalisée.

C'est Spinoza qui a démontré admirablement la contradiction intime de tout régime tyrannique, de toute exploitation politique ou sociale de l'homme par l'homme, non pas en se plaçant au point de vue du droit abstrait, mais en montrant qu'on se trouvait là en présence d'une contradiction de fait. Ou bien la tyrannie fera à ceux qu'elle opprime tant de mal qu'ils cesseront de redouter les suites que pourrait avoir pour eux une insurrection, et alors les opprimés se soulèveront contre l'oppresseur, ou bien celui-ci, pour prévenir les soulèvements, ménagera dans une certaine mesure les besoins, les instincts de ses sujets, et il les préparera ainsi à la liberté. Ainsi, de toute façon, la tyrannie doit disparaître en vertu du jeu des forces, *parce que ces forces sont des hommes.*

Il en sera de même tant que l'exploitation de l'homme par l'homme n'aura pas pris fin. C'est Hegel encore qui a dit, avec une précision souveraine : « La contradiction essentielle de toute tyrannie politique ou économique, c'est qu'elle est obligée de traiter comme des instruments inertes des hommes qui, quels qu'ils soient, ne pensent jamais descendre à l'inertie des machines matérielles. »

Et remarquez que cette contradiction est, tout à la fois, une contradiction logique et une contradiction de fait.

C'est une contradiction logique, puisqu'il y a opposition entre l'idée même de l'homme, c'est-à-dire d'un être doué de sensibilité, de spontanéité et de réflexion, et l'idée de machine. C'est une contradiction de fait puisqu'en se servant de l'homme, outil vivant, comme d'un outil mort, on violente la force même dont on veut se servir et on aboutit ainsi à un mécanisme social discordant et précaire. C'est parce que cette contradiction viole à la fois l'idée de l'homme et la loi même de mécanique, selon laquelle la force homme peut être utilisée, que le mouvement de l'histoire est tout à la fois une protestation idéaliste de la conscience contre les régimes qui abaissent l'homme, et une réaction automatique des forces humaines contre tout arrangement social instable et violent. Qu'était l'anthropophagie ? Elle était doublement contradictoire, car en obligeant l'homme à égorger l'homme en dehors même de l'excitation du combat, elle faisait violence à ce premier instinct de sympathie dont j'ai parlé : contradiction morale ; et, de plus, elle faisait de l'homme, qui a une aptitude certaine au travail réglé, à la production, une sorte de bête de proie dont on ne peut utiliser que la chair : contradiction économique. Dès lors l'esclavage devait naître, parce que la domestication de l'homme blessait moins l'instinct de sympathie et ménageait mieux l'intérêt du maître en tirant de l'homme, par le travail, beaucoup plus qu'il ne donnait par sa subsistance.

Et l'on ferait sans peine la même démonstration pour l'esclavage, pour le servage, pour le salariat. Dès lors, on comprend, puisque tout le mouvement de l'histoire résulte de la contradiction essentielle entre l'homme et l'usage qui est fait de l'homme, que ce mouvement tende comme à sa limite, à un ordre économique où il sera fait de l'homme un usage conforme à l'homme. C'est l'humanité qui, à travers des formes économiques qui répugnent de moins en moins à son idée, se réalise elle-même. Et il y a dans l'histoire humaine non seulement une évolution nécessaire, mais une direction intelligible et un sens idéal. Donc, tout le long des siècles, l'homme n'a pu aspirer à la justice qu'en aspirant à un ordre social moins contradictoire à l'homme que l'ordre présent, et préparé par cet ordre présent, et ainsi l'évolution de ses idées morales est bien réglée par l'évolution des formes économiques, mais en même temps, à travers tous ces arrangements successifs, l'humanité se cherche et s'affirme elle-même, et quelle que soit la diversité des milieux, des temps, des revendications économiques, c'est un même souffle de plainte et d'espérance qui sort de la bouche de l'esclave, du serf et du prolétaire ; c'est ce souffle immortel d'humanité qui est l'âme même de ce qu'on appelle le droit. Il ne faut donc pas opposer la conception matérialiste et la conception idéaliste de l'histoire. Elles se confondent en un développement unique et indissoluble, parce que si on ne peut abstraire l'homme des rapports économiques, on ne peut abstraire les rapports économiques de l'homme et l'histoire, en même temps qu'elle est un phénomène qui se déroule selon une loi mécanique, est une aspiration qui se réalise selon une loi idéale.

Et, après tout, n'en est-il pas de l'évolution de la vie comme de l'évolution de l'histoire ? Sans doute, la vie n'est passée d'une forme à une autre, d'une espèce à une autre, que sous la double action du milieu et des conditions biologiques immédiatement préexistantes et tout le développement de la vie est susceptible d'une explication matérialiste mais en même temps on peut dire que la force initiale de vie concentrée dans les premières granulations vivantes et les conditions générales de l'existence planétaire déterminaient d'avance la marche générale et comme le plan de la vie sur notre planète. Ainsi, les êtres sans nombre qui ont évolué, en même temps qu'ils ont subi une loi, ont collaboré par une aspiration secrète à la réalisation d'un plan de vie. Le développement de la vie physiologique comme de la vie historique a donc été fait ensemble idéaliste et matérialiste. Et la synthèse que je vous propose se rattache à une synthèse plus générale que je ne puis qu'indiquer sans la fortifier.

Mais pour revenir à la question économique, est-ce que Marx lui-même ne réintroduit pas dans sa conception historique l'idée, la notion de l'idéal, du progrès, du droit ? Il n'annonce pas seulement la société communiste comme la conséquence nécessaire de l'ordre capitaliste : il montre qu'en elle cessera enfin cet antagonisme des classes qui épuise l'humanité ; il montre aussi que pour la première fois la vie pleine et libre sera réalisée par l'homme, que les travailleurs auront tout ensemble la délicatesse nerveuse de l'ouvrier et la vigueur tranquille du paysan, et que l'humanité se redressera, plus heureuse et plus noble, sur la terre renouvelée.

N'est-ce pas reconnaître que le mot justice a un sens, même dans la conception matérialiste de l'histoire, et la conciliation que je vous propose, n'est-elle pas, dès lors, acceptée de vous ?

Socialisme et liberté[1]

Il y a une partie notable de la bourgeoisie qui n'est pas séparée du socialisme par des intérêts de classe : et elle a d'ailleurs, par l'effet d'une haute culture, assez de générosité pour ne pas faire de son intérêt étroit la mesure du vrai. Mais elle tient par-dessus tout à la liberté. Son bien le plus précieux, sa dignité la plus haute, c'est la liberté de l'esprit, de la vie intérieure : et toutes les libertés affirmées par la révolution de 1789, la « liberté du travail », la liberté politique lui paraissent comme un reflet de la liberté sacrée de l'esprit. Or, elle semble craindre souvent que le socialisme soit une diminution de la liberté, qu'il contraigne ou resserre la personne humaine et qu'il soumette les individus ou à la discipline étouffante de l'État ou au despotisme brutal d'une classe nouvelle longtemps sevrée des joies de la vie et s'enivrant soudain d'un

1. *La Revue de Paris*, 1er décembre 1898.

mélange grossier de civilisation et de barbarie. J'ose dire qu'il y a là une erreur fondamentale. Le socialisme, au contraire, et j'entends le socialisme collectiviste ou communiste, donnera le plus large essor à la liberté, à toutes les libertés : il en est, de plus en plus, la condition nécessaire.

Trop souvent nos adversaires, mal informés, confondent le socialisme collectiviste ou communiste avec le socialisme d'État, et, comme celui-ci ne se manifeste que par des lois de réglementation et de contrainte, il leur paraît que la contrainte est l'essence même du socialisme. Or, entre le collectivisme et le socialisme d'État il y a un abîme.

Le socialisme d'État accepte le principe même du régime capitaliste : il accepte la propriété privée des moyens de production, et, par suite, la division de la société en deux classes, celle des possédants et celle des non-possédants. Il se borne à protéger la classe non possédante contre certains excès de pouvoir de la classe capitaliste, contre les conséquences outrées du système. Par exemple il intervient par la loi pour réglementer le travail des femmes, des enfants, ou même des adultes. Il les protège contre l'exagération de la durée des travaux, contre une exploitation trop visiblement épuisante. Il organise, par la loi, des institutions d'assistance et de prévoyance auxquelles les patrons sont tenus de contribuer dans l'intérêt des ouvriers. Mais il laisse subsister le patronat et le salariat. Parfois, il est vrai, et c'est une tendance croissante, il transforme en services publics, nationaux ou communaux certains services capitalistes. Par exemple, il rachète et nationalise les chemins de fer ; il municipalise l'eau, le gaz, les tramways. Mais, même dans cette création des services publics, il reste fidèle au système capitaliste. Il sert un intérêt au capital qui a servi à l'établissement des voies ferrées ; et que les salariés soient tenus de fournir le dividende du capital privé ou l'intérêt des emprunts d'État, c'est tout un. Ce qu'on appelle socialisme d'État est en fait, dans les services publics, du capitalisme d'État.

Ainsi, le socialisme d'État respecte les principes essentiels du système capitaliste, mais il intervient dans la lutte des classes antagonistes pour empêcher l'écrasement complet des sans-propriété, qui sont les plus faibles. Au contraire, le collectivisme, le communisme, en supprimant la propriété privée des moyens de production, créent une société nouvelle où il ne sera plus nécessaire de protéger une classe contre une autre, toutes les classes étant définitivement absorbées dans l'unité de la nation. Stein, dans ses lumineuses et pénétrantes études sur le socialisme, a marqué très nettement, dès 1840, la différence du socialisme d'État et du communisme. Selon lui, la révolution de 1789 avait eu pour principal effet de supprimer l'État, entendu comme un pouvoir supérieur aux groupes d'intérêts antagonistes. Le pouvoir royal, en ses époques normales et saines, avait été élevé au-dessus des divers ordres de la nation : il n'avait été le prisonnier ni de la noblesse, ni du clergé, ni du tiers. Mais, dans la société française, sous le règne de Louis-Philippe, il n'y avait d'autre force, d'autre pouvoir que la société elle-même. Au-dessus des forces économiques qui gouvernaient la société, il n'y avait rien. La bourgeoisie, ayant la propriété, avait par là même la force sociale. Et l'État, déchu de son autonomie ancienne, était, lui aussi, la propriété de la bourgeoisie. Contre cette force bourgeoise, le prolétariat, surmené, violenté, était toujours prêt au combat. Mais, d'une part, il ne pouvait espérer, par ses forces propres, la victoire, qui reste toujours à la propriété. Et, d'autre part, l'État n'avait pas assez d'indépendance et de hauteur pour jouer, dans cette guerre permanente des classes, un rôle de modérateur et d'arbitre. Où donc était le salut ? Dans le communisme qui aurait fondu les classes ? Stein le croyait impraticable. Il n'y avait donc qu'un espoir : c'est que la société, blessée par la lutte éternelle de ses classes ennemies, se résignât à n'être pas le seul pouvoir ; c'est qu'elle reconstituât un État supérieur aux classes et qui en adoucît le choc. Celui-ci défendrait la propriété bourgeoise contre les assauts du prolétariat, et il défendrait le prolétariat contre les excès, contre l'exploitation effrénée de la propriété bourgeoise. Voilà le principe même et le fond du socialisme d'État. Il suppose et accepte la division des classes : il ne croit pas qu'elles puissent disparaître par un système nouveau de propriété. Il prévoit donc une lutte sociale éternelle, où un arbitre devra éternellement intervenir pour modérer les coups. En ce sens, et s'il ne se considère pas lui-même comme une simple transition vers le collectivisme, le socialisme d'État est une sorte de pessimisme social. Il ne croit pas, comme les économistes, à l'harmonie naturelle des intérêts, et il ne croit pas, comme le socialisme ouvrier, que cette harmonie puisse être révolutionnairement instituée par une transformation de la propriété. Il croit que l'ordre, l'équité, la paix, doivent être imposés du dehors, par l'arbitrage impérieux de l'État, à des forces irréductiblement hostiles.

Au contraire, les collectivistes, les communistes, pensent qu'un tel système de propriété et de production peut être établi, que l'ordre et la justice en dérivent par une nécessité interne. Ils croient à la possibilité de la paix fondamentale dans la société humaine, et leur optimisme essentiel s'oppose au pessimisme social des socialistes d'État. Ce n'est pas que les socialistes repoussent les mesures de protection légale que le socialisme d'État propose pour la classe ouvrière. Au contraire, ils les proposent eux-mêmes avec une extrême énergie et ils ne croient pas porter atteinte à la liberté en défendant les salariés contre les exigences les plus violentes du capital ; mais ils ne considèrent ces mesures que comme une transition. Ils les réclament surtout pour que la classe ouvrière, plus forte et plus confiante, puisse accomplir plus aisément sa fonction historique, qui est de susciter une forme nouvelle de propriété où toutes les classes disparaîtront, où tous les hommes seront réconciliés. Mais il reste vrai que le socialisme d'État, impuissant à faire de la justice le ressort interne de la société, est obligé d'intervenir du dehors sur l'appareil capitaliste pour en corriger les pires effets. Au contraire, ce n'est pas par l'action mécanique des lois de contrainte, c'est par l'action organique d'un système nouveau de propriété que les collectivistes et communistes prétendent réaliser la justice. Il serait donc tout à fait injuste de se figurer le socialisme en sa forme définitive comme un appareil de réglementation, de restriction et de contrainte.

* * *

– Mais cette forme définitive elle-même n'est-elle pas exclusive de toute liberté ? Quand le capital aura disparu, quand la propriété privée des moyens de production aura fait place à la propriété sociale, la liberté des individus n'aura-t-elle pas perdu tout fondement et leur activité tout ressort ? N'y aura-t-il pas une distribution autoritaire des travaux et des produits ? La communauté, en outre, ne sera-t-elle pas tentée de tout abaisser au niveau des besoins les plus grossiers, des âmes les plus communes ? Et pour réprimer la révolte des délicats, pour supprimer les oppositions intellectuelles, ne sera-t-elle pas conduite à organiser un pouvoir dictatorial ? Ainsi, avec la propriété individuelle, avec la liberté économique, disparaîtront la liberté politique et la liberté de la pensée. Le monde sera soumis non à la tyrannie d'une élite, intéressée, par ses fantaisies mêmes, au progrès universel ; mais à la tyrannie routinière de la masse. Et une centralisation despotique assurera un régime de médiocrité.

Voilà bien l'objection toujours renouvelée. Voilà bien la crainte qui hante les esprits, ou le prétexte dont se couvrent les résistances. Mais que ceux qui se complaisent à cette objection prennent garde ; c'est contre la civilisation, c'est contre l'humanité elle-même qu'ils concluent : car ils proclament que, pour que la liberté subsiste, il faut que la classe ouvrière demeure à l'état de dépendance, sous la loi du salariat. En fait, il n'y a qu'un moyen pour tous les citoyens, pour tous les producteurs, d'échapper au salariat : c'est d'être admis, par une transformation sociale, à la copropriété des moyens de production. Il est tout à fait chimérique de penser que la diffusion de la propriété capitaliste permettra à tous les travailleurs de n'être plus des salariés. Malgré la dissémination plus apparente d'ailleurs que réelle des titres mobiliers, c'est une minorité infime des citoyens qui a vraiment la propriété de l'outillage industriel, et l'accroissement du nombre des porteurs de titres compense à peine la disparition d'un très grand nombre d'artisans, de petits producteurs autonomes dévorés chaque jour par la grande industrie. Donc, sous le régime capitaliste, la classe ouvrière est exclue à jamais de la propriété ; il peut y avoir passage de la classe prolétarienne à la classe capitaliste, comme il peut y avoir chute de la classe capitaliste à la classe prolétarienne ; mais ce mouvement, qui n'affecte que quelques individus, quelques atomes, laisse subsister la distinction des deux classes, la possédante et la non-possédante ; toujours, comme en un vaste et sombre tourbillon, la multitude ouvrière tourne au-dessous de la propriété et tombe à la mort, poussière fatiguée, sans avoir pu monter aux régions de liberté et de lumière.

Dire que la liberté politique, la liberté intellectuelle disparaîtront par l'avènement de la propriété sociale, c'est dire que le servage économique de la classe ouvrière est la condition de la liberté : c'est dire que de même que le noble loisir du citoyen antique était procuré par la classe servile, le prolétariat moderne doit se résigner au salariat pour procurer aux sociétés humaines, en quelques éléments privilégiés, la noblesse de la liberté, la dignité de la vie. Jamais nécessité plus ironique, jamais plus cruel paradoxe ne rabattit l'espérance. Nous rêvons de faire entrer la liberté, l'égalité fraternelle dans la vie quotidienne et profonde des sociétés, qui est le travail. Nous voulons qu'aucun homme dans l'usine ou aux champs ne soit l'outil d'un autre homme. Nous voulons qu'aucun travailleur ne soit instrument de profit, qu'aucun ne soit exclu du patrimoine humain accumulé par les générations. Et nous demandons que tout individu humain, ayant un droit de copropriété sur les moyens de travail qui sont les moyens de vivre, soit assuré de retenir pour lui-même tout le produit de son effort, assuré aussi d'exercer sa part de direction et d'action sur la conduite du travail commun. Et quand nous élevons ainsi tous les individus humains à l'état de personnes, quand nous les affranchissons de ce servage économique qui les ravale à la dépendance, à la passivité des choses, quand nous faisons de chaque citoyen un droit vivant égal à tous les autres droits, une volonté vivante égale à toutes les autres volontés, quand nous bâtissons sur les bases solides et profondes de l'ordre économique, cette cité des esprits dont Leibniz a si magnifiquement parlé, on nous dit : Chimère et aberration ! Tous les hommes, en apparence affranchis de toute classe exploiteuse et dominatrice, seront asservis à nouveau par le mécanisme même de la propriété sociale : ils seront égaux, mais tous liés les uns aux autres d'une chaîne infinie de servitude, tous écrasés par l'appareil central de direction et de production qu'ils seront obligés de constituer. Ainsi le service économique aura été non aboli mais étendu, et l'humanité n'a le choix qu'entre une liberté oligarchique, réservée à une minorité de possédants, et l'universelle servitude.

Je le répète : il n'est pas de conclusion plus sombre, et pourtant ceux qui considèrent la propriété sociale comme exclusive de la liberté individuelle y sont nécessairement acculés. Il n'est pas possible d'universaliser la propriété sous la forme actuelle. Et si on affirme qu'il faut se détourner de la propriété sociale pour sauver la liberté, on affirme par là même que la propriété, sans laquelle il n'est pas de liberté véritable, doit rester le privilège d'une minorité. On affirme que, pour ne pas disparaître dans les basses eaux dormantes du communisme, la liberté doit rester oligarchique. Au moment de l'histoire où nous sommes, il faut avoir le courage de prendre parti. Il n'est plus permis de rêver un développement démocratique indéfini en de vagues horizons. La croissance du socialisme pose à toute intelligence, à toute conscience un problème précis : ou il faut accepter l'abolition du système capitaliste et l'institution de la propriété collective, ou il faut s'avouer à soi-même et avouer aux autres que la propriété, dont la liberté complète est inséparable, est éternellement le luxe d'une minorité. Que ce luxe se vulgarise un peu, c'est possible ; mais nul ne peut supposer que la propriété bourgeoise se disséminera d'elle-même et imbibera toute la masse humaine au point de dissoudre le salariat. Ceux-là donc qui accusent l'ordre socialiste de supprimer la liberté bâtissent devant eux une infranchissable muraille : ils condamnent l'humanité à rester indéfiniment sous le régime du salariat et de l'antagonisme des classes. Pauvre race humaine, qui ne peut élargir la liberté sans la briser !

* * *

Mais, malgré eux, la force des choses abattra cette muraille, et, si la propriété sociale, si le communisme des moyens de production implique la servitude, c'est vers la servitude que l'humanité va invinciblement. Je ne veux pas dire que l'évolution économique prépare fatalement, mécaniquement, une révolution de la propriété. À coup sûr, il s'opère une concentration industrielle et commerciale incessante, et cette concentration capitaliste, qui exproprie peu à peu les petits et moyens producteurs, ébauche et facilite la concentration socialiste qui expropriera les expropriateurs. À coup sûr aussi, quels que soient les nouveaux agents de production, quelles que soient les inventions techniques de demain, cette concentration du travail semble la loi durable, la tendance maîtresse du système capitaliste. Même si l'électricité est appliquée comme moteur ; même si elle permet, par des courants de force infiniment ramifiés, le travail à domicile, cette dissémination de l'atelier ne sera probablement pas un morcellement de la puissance industrielle. Le grand capital captera les sources de forces et en réglera la distribution ; il coordonnera aussi, en vue d'une large production et d'une large vente, la production en apparence parcellaire de tous ces petits ateliers dépendants. Mais, si la concentration capitaliste apparaît comme la loi probablement définitive du système social actuel, elle n'agit pas avec un automatisme inflexible et une régularité élémentaire. Dans l'immense et complexe mouvement social, toutes les formes de la production n'évoluent pas parallèlement : la concentration est plus ou moins rapide, plus ou moins intense dans telle on telle industrie ; il en est même qui, par l'effet momentané de procédés nouveaux, semblent parfois rétrograder vers la petite production. Et là même où se produisent de colossales manifestations capitalistes, comme les grands bazars et les grands magasins, le petit commerce subsiste : les petites boutiques paraissent même pulluler, mais de plus en plus écrasées, précaires et pauvres.

Ainsi, le mouvement qui porte peu à peu le système capitaliste vers la grande production, moule nécessaire de l'ordre socialiste, n'a pas cette netteté, cette rectitude et cette accélération uniforme qui seules donneraient aux phénomènes sociaux l'apparente nécessité des phénomènes naturels. Jamais donc, même au moment où la forme socialiste s'imposera décidément à la production et à l'échange, le système socialiste ne sera contenu, tout prêt, tout préformé, dans le système capitaliste. Pour rappeler encore une image de Leibniz, le socialisme ne sera jamais contenu qu'en puissance dans le système capitaliste, comme une statue que des veines cachées dessinent dans l'intérieur d'un bloc. Il faudra sans doute toujours un acte réfléchi de la volonté humaine pour faire apparaître l'ordre socialiste, comme des coups de ciseau et de marteau pour dégager la statue.

Mais, si le mouvement spontané et la concentration naturelle du système capitaliste ne suffisent pas à susciter, par une sorte de simplification mécanique, l'unité de la production socialiste, si la loi de la concentration capitaliste reste à la fois idéale et réelle, gouvernant de plus en plus les faits sociaux, mais ne s'y exprimant jamais avec une irrésistible simplicité, le mouvement toutefois est assez visible et assez fort pour que l'avenir apparaisse dans cette direction. Et la classe ouvrière, à qui toutes les évolutions, toutes les tendances de l'industrie, sont immédiatement perceptibles, sait qu'en réalisant un jour à son profit la suprême concentration socialiste de la propriété et du travail, elle agira dans le sens même des choses. Elle est donc perpétuellement tentée d'agir par cette coïncidence, par cette harmonie de son propre intérêt et de la tendance générale des faits. La loi capitaliste et la force ouvrière concourent dans la même direction. Or, comme la loi capitaliste de concentration agit, malgré bien des intermittences et des restrictions, avec une intensité croissante, comme le prolétariat s'organise aussi en une force croissante, ces deux forces concordantes et grandissantes aboutiront sans aucun doute à un effet décisif. Et la propriété capitaliste et oligarchique, privilège d'une classe, sera transformée au profit de toutes les classes enfin confondues en une propriété sociale et universelle.

D'ailleurs, même les systèmes sociaux qu'on nous oppose aboutiraient tous, s'ils se développaient, à l'ordre socialiste. Supposez un instant que les coopératives de production et de consommation se multiplient et s'étendent. Pour éviter le gaspillage et les périls de la concurrence, elles ne tarderont pas à se fédérer. Ces fédérations n'auront bientôt d'autre limite que la nation elle-même. Ce sera donc avant peu un vaste organisme unique de production et d'échange. Supposez encore, si vous voulez, pour rester plus près du mécanisme capitaliste, que la propriété mobilière se dissémine infiniment comme le font espérer les conservateurs utopistes ; supposez que chaque citoyen arrive à posséder un titre représentant une parcelle de l'outillage industriel ou agricole. Tous les citoyens, tous les producteurs étant actionnaires voudront intervenir dans la direction de l'industrie ; les plus petits actionnaires, encouragés par leur nombre, réclameront leur part d'influence et de pouvoir, et bientôt même, par leur groupement, feront échec aux gros actionnaires. Ainsi toute la nation sera comme une immense assemblée possédante et dirigeante. Et les vastes associations de capitaux entre lesquelles se répartiraient tous les citoyens ne tarderaient pas à s'entendre pour éviter les chocs, les concurrences coûteuses, les désordres et les crises. Ainsi, par un curieux paradoxe, la dissémination extrême de la propriété capitaliste aboutirait à un mécanisme de production unitaire, à la centralisation du travail et de la propriété elle-même. Donc, les utopies sociales par lesquelles

« les réformateurs » veulent éliminer le collectivisme y conduiraient nécessairement, comme y conduit la réalité du mouvement capitaliste.

Les adversaires du socialisme prétendent échapper par l'association libre à ce qu'ils appellent l'association contrainte. Le siècle prochain, répètent-ils, sera le siècle de l'association. Ils oublient que ces associations ne seront plus isolées les unes des autres, comme au Moyen Âge, par le morcellement de la vie sociale. Elles pourront s'épandre à leur aise sur la surface unie et plane de la nation : elles entreront ainsi nécessairement en contact et tendront à former des systèmes de plus en plus étendus. C'est dire que toutes les associations particulières, sociétés de prévoyance, de secours, de consommation, de production, animées d'une force d'expansion indéfinie, n'auront d'autre limite que la nation elle-même. À vrai dire, je ne crois pas que ce soit par cette voie qu'en fait l'ordre capitaliste s'achemine à l'unité socialiste. Avant que les associations organisées de production, de consommation, de mutualité aient pu se fédérer et se rejoindre en un mécanisme central, la classe ouvrière formera, elle, une unité « révolutionnaire », qui transformera, en les adaptant au système communiste, toutes les institutions, tous les organes de la vie économique. Mais, quelle que soit l'hypothèse adoptée, nous sommes toujours ramenés à cette alternative saisissante : ou nous proclamerons que le système capitaliste ne s'écartera pas sensiblement de sa forme actuelle, ou s'il se meut, s'il évolue, il se rapprochera nécessairement de cette unité de production et de propriété que nos adversaires dénoncent comme la négation même de la liberté. Ou le fleuve s'arrêtera, s'endormira en une eau stagnante et morte, ou il se précipitera à ces terribles chutes socialistes par où, dit-on, toute liberté s'abîme à jamais. Or, il ne dépend ni de nos adversaires ni de nous d'arrêter le mouvement humain, de fixer l'évolution capitaliste. Si donc la liberté est incompatible avec la forme socialiste de la propriété, il faut proclamer que la race humaine, au moment même où elle s'exalte en un rêve de fraternité, d'unité vivante et de grandeur, s'achemine à l'inévitable servitude. Mais qui donc osera risquer cette sombre prophétie ?

* * *

En fait, l'histoire se joue de ces formules. Il est facile de combiner les mots : il est facile d'opposer, par des antithèses verbales, le communisme et l'individualité, la centralisation et l'initiative, le socialisme et la liberté. Ce sont là fantaisies logiques des esprits simples. Mais la vanité et l'inanité des mots laissent passer le torrent des forces.

Or, d'une part, nul ne contestera que depuis trois quarts de siècle deux grandes forces soient en action : la force capitaliste qui centralise peu à peu la production, assez du moins pour donner aux salariés l'idée et la tentation de la concentration socialiste ; et la force du prolétariat qui s'organise et s'agite pour une destinée meilleure. Ce ne sont pas là des puissances verbales, de vaines ombres se croisant sur un mur nu. Mais partout où les progrès de la science substituent la machine à l'outil, la grande usine au petit atelier, partout aussi où les salariés souffrent et se concertent, ces deux grandes forces sont en action. Et on en sent à chaque minute la vibration comme, dans le navire en mouvement, la trépidation des colossales machines. Et en même temps tous les individus qui s'agitent dans notre société tourmentée sont des forces de désir, d'ardents foyers de rêve et d'action. De quel droit supposer que lorsque l'évolution du système capitaliste et la volonté organisée du prolétariat auront suscité la propriété sociale, toutes ces forces individuelles de pensée et d'action vont s'amortir et s'éteindre ? De quel droit supposer que toutes ces énergies se détendront quand la propriété universalisée offrira à toutes un aliment nouveau ? Qu'est-ce en effet qu'une forme nouvelle de propriété ? C'est une forme nouvelle d'action.

Sans doute, si la propriété collective était imposée arbitrairement aux sociétés par une puissance extérieure à elles, si elle s'installait selon les lois de la conquête, elle déprimerait les activités. Mais si elle est réalisée par l'accord du mouvement capitaliste et de la force ouvrière, si elle est préparée à la fois par l'action inconsciente de la bourgeoisie et par l'action consciente du prolétariat, si elle surgit ainsi au point où convergent l'œuvre d'une classe et l'effort de l'autre, comment pourrait-elle neutraliser les énergies humaines, les forces historiques dont elle sera l'expression suprême ? Les deux classes, la classe bourgeoise et la classe ouvrière, qui déchirent de leur antagonisme la société d'aujourd'hui, seront, par l'avènement du communisme, également, quoique diversement, victorieuses. Le prolétariat aura échappé à la servitude économique, il aura conquis le droit de copropriété sociale qui l'émancipera à jamais, et il s'emploiera à obtenir du système de production unifié un large bien-être pour tous. Victoire sur la servitude ! victoire sur la misère ! victoire sur la haine ! Mais la bourgeoisie aussi, jusqu'en sa défaite de classe, sera victorieuse. Elle perdra à coup sûr le monopole de la propriété, les joies égoïstes de la domination et l'étrange assaisonnement que la souffrance du pauvre mêle parfois aux plaisirs du riche. À coup sûr aussi, elle sera sollicitée par plusieurs de ses fils à une résistance désespérée. Mais, vaincue enfin, elle comprendra pour la première fois le sens plein de son effort passé. Elle prendra conscience de l'œuvre qu'inconsciemment elle accomplissait. Elle verra dans l'unité socialiste, dans l'ordre communiste hospitalier à tous les hommes la noble fin humaine qu'elle préparait, sans le savoir, par son activité illimitée, par son audace fiévreuse, par les incessantes révolutions techniques dont elle agitait et agrandissait l'industrie. Cette concentration capitaliste, qui n'était que le triomphe d'une classe, lui apparaîtra, après la Révolution, comme le germe de l'unité humaine. Les grandes découvertes des savants, qui naguère dans la société divisée produisaient des effets mêlés de bien et de mal, ajoutant à la puissance du capital, mais parfois aussi à la détresse des salariés, apparaîtront dans l'ordre nouveau comme des moyens assurés de bonheur commun.

Ainsi la révolution sociale, en brisant la bourgeoisie, agrandira et ennoblira son œuvre : elle lui donnera une haute signification humaine, et c'est avec fierté que les fils des bourgeois pourront entrer dans l'ordre nouveau. Ils y retrouveront l'œuvre de leurs pères, dégagée de tout intérêt de classe, haussée à l'idéal humain, élargie à tous les hommes. Ainsi la mort sociale de la bourgeoisie comme classe sera pour elle ce que serait pour les hommes la mort organique si, après les épreuves de l'agonie, ils retrouvaient dans une vie plus lumineuse et plus large le sens de leur vie passée. Donc, pour les deux classes antagonistes, pour le prolétariat et pour la bourgeoisie, la révolution sociale sera une ascension. Elle apportera au prolétariat, sous des formes nouvelles de propriété, des garanties positives de liberté et de bien-être, des possibilités nouvelles d'action, et elle apportera à la bourgeoisie, avec le sens plein de son œuvre historique, une révélation de noblesse morale et de grandeur. C'est en montant toutes deux que les deux classes se confondront ; c'est sur un sommet que sera proclamée l'unité humaine. Comment ce grand acte social qui établira entre les hommes, désormais réconciliés, toutes les forces d'orgueil, d'espérance et d'humanité, pourrait-il aboutir à une sorte d'atonie générale et d'universelle dépression ? Comment les hommes, affranchis les uns de leur misère de classe, les autres de leur égoïsme de classe, se précipiteraient-ils à une servitude nouvelle ? Et comment, en assurant par la propriété sociale la propriété de tous, ne chercheront-ils pas aussi à porter au plus haut l'initiative et la liberté individuelle de tous ?

À coup sûr, certaines formes d'action, injustes et surannées, auront disparu. Il ne sera plus permis, ou plutôt il ne sera plus possible à un homme de faire travailler à son profit d'autres hommes : l'humanité aura chassé à jamais, comme le cauchemar d'une nuit mauvaise, le rêve du capitaliste qui peut tendre et qui tend à l'universelle domination et à l'universelle exploitation. Mais l'homme est-il condamné à ne comprendre la liberté que comme la faculté d'exploiter d'autres hommes ? Est-il condamné à ne comprendre l'infini que comme l'accroissement illimité de la richesse oppressive ? Il n'est plus permis aujourd'hui, il n'est plus possible d'avoir des esclaves : la liberté humaine en est-elle diminuée ? Le triomphateur romain traînait derrière son char et ramenait dans sa maison des peuples captifs : l'humanité est-elle abaissée en ses joies parce qu'elle ne connaît plus l'orgueil des victoires romaines ? De nouveaux rêves ont surgi en elle, de nouveaux désirs et de nouvelles joies. Les institutions mortes n'éveillent même plus un regret. Nul, aujourd'hui, parmi les vivants, ne souffre de n'avoir pas des esclaves. Nul ne souffrira demain de n'avoir pas des salariés. Il en est qui se demandent : mais que ferons-nous et quel aiguillon aura la vie quand nous ne pourrons plus nous assujettir le monde du travail et goûter les joies de la conquête capitaliste ? Ils oublient que l'humanité n'épuise pas en une forme sociale, c'est-à-dire en une forme particulière et passagère d'action, ses ressources de désir et de bonheur. Demain, de la grande humanité communiste, monteront de nouvelles espérances et de nouveaux songes, comme des nuées aux formes inconnues montant de la vaste mer. De même que dans les révolutions du globe des espèces ont disparu sans que le mouvement de la vie s'arrêtât, de même, dans les révolutions de la société, de grandes espèces d'action, de désir et de joie sont abolies sans que la force humaine s'amollisse. Le plésiosaure et le mastodonte ne sont pas toute la vie. Le capitalisme n'est pas toute l'action.

En vain nous oppose-t-on que la propriété commune des moyens de production nous ramènerait au communisme primitif, et que cette rétrogradation serait à la fois barbare et oppressive. Il n'y a aucun rapport entre le communisme des tribus primitives, qui est antérieur à la division du travail, à la séparation des classes, à la science, à l'affirmation du droit individuel, et le communisme de demain qui naîtra à la fois de l'immense progrès technique de la production, de l'audace croissante de la science, et de l'aspiration toujours plus ardente de tous les individus humains au bonheur et à la liberté. L'histoire, en ramenant dans des conditions nouvelles et des milieux nouveaux certaines formes du passé, ne ramène point le passé lui-même. Au contraire, l'originalité du mouvement humain éclate à reprendre ainsi, en variations toujours plus riches et plus vastes, quelques thèmes très simples et très pauvres des temps lointains. C'est Chateaubriand qui a remarqué que le suffrage universel des démocraties modernes reproduit les assemblées plénières des barbares germains dans la clairière des grandes forêts. Et sans doute plus d'un doctrinaire a dénoncé le suffrage universel comme un retour à la barbarie, comme une rechute dans le passé.

Chose étrange ! Ce sont les prétendus disciples de la Révolution française qui nous accusent de revenir aux formes passées. Oublient-ils donc que la Révolution, inspirée de Jean-Jacques, prêchait sans cesse « le retour à la nature ». Et en fait, quand Rousseau renonce à l'exagération et au paradoxe, quand il mesure sa parole et précise sa pensée, il démontre fortement que la civilisation doit restituer aux hommes, dans des conditions nouvelles de sécurité, de bien-être et de paix, la liberté de mouvement, l'égalité, le contact familier avec la nature qui firent le charme de la vie sauvage, d'ailleurs si grossière et si déprimée. Quand fut brisé le servage qui attachait l'homme à la glèbe, quand l'absolue liberté d'aller et venir fut reconnue à tous les hommes, ce fut un retour civilisé à la sauvagerie : le prolétaire errant des grandes routes et des cités est comme le rôdeur des forêts ; il cherche à l'aventure travail et salaire, comme l'autre cherchait le gibier et le fruit. Demain, si, comme l'espèrent tous les socialistes, un nouveau système social et le perfectionnement de tous les moyens de communication permettent aux hommes de se disséminer dans les campagnes au lieu de s'entasser dans des villes démesurées, l'humanité paraîtra revenir à un stade antérieur ; et ce sera pourtant un progrès immense; car pouvoir vibrer à la fois, par un double contact, de l'immense vie remuante des hommes et de l'immense vie paisible des choses, quelle plénitude et quelle joie !

Mais dès maintenant, les progrès les plus vantés par les économistes reproduisent des phénomènes primitifs. Les clearing-houses, les banques de compensation réalisent en somme l'échange direct des marchandises : c'est la suppression de la monnaie et le retour au troc des sauvages, mais avec une merveilleuse ampleur de civilisation. Quand les banques d'émission remplacent le métal par le papier, elles enfouissent le métal dans leurs caves ; et l'or revient sous terre comme avant que les mines fussent exploitées. Et encore, dans l'art moderne, quel est le rêve de Wagner, quel est son idéal ? Il l'a très explicitement formulé lui-même. Il veut en finir avec la séparation artificielle de la musique et du drame. Il veut, avec toutes les puissances de l'âme et de l'orchestration modernes, reproduire la belle unité religieuse et esthétique de la plus ancienne tragédie grecque, qui elle-même reproduisait l'unité première de la danse, de la musique, de la prière. C'est, suivant son expression même, « le communisme premier de l'art » qu'il veut restaurer. Il veut ramener à l'unité antique les puissances si diverses et tourmentées des temps nouveaux, et il n'espère le triomphe du communisme dans l'art que par l'avènement du communisme social qui supprimera entre les hommes les distinctions arbitraires et les séparations violentes. Mais ne serait-il pas puéril de dire que Wagner ressuscite le chariot de Thespis ou même la tragédie d'Eschyle ? Pas plus que Wagner ne nous ramène aux danses chantantes et aux mimiques rythmées des premiers hommes, pas plus que le suffrage universel ne nous ramène aux assemblées barbares des champs de Mai, ou les banques de compensation à la pauvre économie sauvage et au troc élémentaire, le communisme moderne, héritier du prodigieux mouvement capitaliste et de l'individualisme révolutionnaire, ne nous ramènera au communisme primitif des pauvres tribus lointaines.

Il n'y a dans l'histoire humaine ni routine, ni rupture. L'humanité est comme un grand artiste toujours en progrès : elle ne s'attarde pas à ses premières et naïves ébauches : elle ne les oublie pas non plus, et elle les reprend à longs intervalles avec une puissance croissante. Bien loin d'être humiliés que le large et vivant communisme moderne, tout saturé de richesse et vibrant de liberté, rappelle en la transfigurant une période lointaine de l'histoire des hommes, nous devrions nous réjouir de cette sorte de continuité profonde qui à travers les temps et les révolutions maintient l'unité de la race humaine. Trop heureuse l'humanité si rien d'elle n'était tout à fait mort, si marchant vers l'avenir elle pouvait pourtant renouveler en elle les fraîches sensations du passé, si jusque dans les complications et les fièvres de sa vie nouvelle elle entendait parfois le murmure des feuillées lointaines et des sources où jadis elle se mira, et si les vastes révolutions orageuses qui élargissent sa vie lui apportaient, en analogies flottantes, des émotions d'enfance et la douceur des ressouvenirs ! Il est au moins étrange que ceux qui nous accusent d'être subversifs et destructeurs nous reprochent aussi d'utiliser pour les besoins nouveaux de l'humanité grandissante des formes de vie où l'humanité première s'essaya. La vérité, c'est que les modes de l'existence humaine ne sont pas innombrables et qu'il est impossible aux hommes, si hardi que soit leur effort, si audacieuse que soit leur invention sociale, de ne pas ranimer en un dessin nouveau quelque trait effacé des civilisations antérieures. Il est impossible d'appeler vers l'avenir sans éveiller derrière soi les échos profonds du passé.

* * *

Mais dans l'ordre prochain, dans l'ordre socialiste, c'est bien la liberté qui sera souveraine. Le socialisme est l'affirmation suprême du droit individuel. Rien n'est au-dessus de l'individu. Il n'y a pas d'autorité céleste qui puisse le plier à son caprice ou le terroriser de ses menaces. L'homme n'est pas un instrument aux yeux de Dieu. Le mouvement socialiste exclut l'idée chrétienne qui subordonne l'humanité aux fins de Dieu, à sa gloire, à ses mystérieux desseins. Il exclut aussi ce spiritualisme vulgaire qui fait de Dieu un individu séparé du monde, plus fort que l'individu humain et dangereux pour lui. Ce n'est pas que la formule de combat de Blanqui : « Ni Dieu, ni maître » exprime tout entière la pensée définitive de l'humanité : nul ne peut savoir quelle sera, dans la suite des temps, la conception générale des esprits affranchis, et ils ne s'arrêteront pas à une pure négation.

Dès maintenant, c'est à une sorte de monisme idéaliste que paraissent incliner beaucoup de socialistes. L'univers leur apparaît comme une unité idéale qui tend à s'exprimer et qui se réfléchit dans l'harmonie croissante des forces ; et par là le mouvement humain se rattache au mouvement universel ; par là les perspectives d'infini se rouvrent, et les belles ivresses métaphysiques et mystiques attendent encore l'humanité, mais ivresses de science, de liberté et d'action autant que de rêve. En tout cas, c'en est fini d'une force surhumaine écrasant et contraignant l'humanité. Dieu n'existera plus pour l'homme que dans la mesure où il sera l'homme lui-même, prenant conscience de sa grandeur et de la beauté du mouvement universel où il concourt.

Si l'homme, tel que le socialisme le veut, ne relève pas d'un individu supra-humain, il ne relève pas davantage des autres individus humains. Aucun homme n'est l'instrument de Dieu ; aucun homme n'est l'instrument d'un autre homme. Il n'y a pas de maître au-dessus de l'humanité ; il n'y a pas de maître dans l'humanité. Ni roi, ni capitaliste. Les hommes ne veulent plus travailler et souffrir pour une dynastie. Ils ne veulent plus travailler et souffrir pour une classe. Mais pour qu'aucun individu ne soit à la merci d'une force extérieure, pour que chaque homme soit autonome pleinement, il faut assurer à tous les moyens de liberté et d'action. Il faut donner à tous le plus de science possible et le plus de pensée, afin qu'affranchis des superstitions héréditaires et des passivités traditionnelles, ils marchent fièrement sous le soleil. Il faut donner à tous une égale part de droit politique, de puissance politique, afin que dans la Cité aucun homme ne soit l'ombre d'un autre homme, afin que la volonté de chacun concoure à la direction de l'ensemble et que, dans les mouvements les plus vastes des sociétés, l'individu humain retrouve sa liberté. Enfin, il faut assurer à tous un droit de propriété sur les moyens de travail, afin qu'aucun homme ne dépende pour sa vie même d'un autre homme, afin que nul ne soit obligé d'aliéner, aux mains de ceux qui détiennent les forces productives, ou une parcelle de son effort ou une parcelle de sa liberté.

L'éducation universelle, le suffrage universel, la propriété universelle, voilà, si je puis dire, le vrai postulat de l'individu humain. Le socialisme est l'individualisme logique et complet. Il continue, en l'agrandissant, l'individualisme révolutionnaire. La Révolution avait proclamé les droits de l'individu, les droits de la personne. Et, pour les garantir, elle avait brisé le despotisme monarchique et le privilège féodal. Elle avait brisé aussi les organisations corporatives et disséminé les propriétés ecclésiastiques, afin qu'il n'y eût pas un bloc de propriété réservée et inabordable et que la propriété dispersée allât à tous les individus. Mais là, elle avait fait œuvre vaine en partie, en partie hypocrite. Hypocrite, parce que seule la classe des bourgeois et des paysans aisés pouvait profiter de la révolution sociale et saisir les dépouilles des prêtres et des nobles ; la propriété va toujours à la propriété, et les biens nationaux allèrent ou à la finance ou aux plus aisés des propriétaires paysans ; le prolétariat naissant et désordonné n'en pouvait avoir miette. Œuvre vaine aussi, parce que ce n'était pas par le morcellement, par la dissémination que la propriété pouvait être universalisée. En donnant à la science un plus puissant essor, la Révolution travaillait pour l'individu, mais contre la propriété individuelle, car les progrès techniques vont développer la grande production et monopoliser aux mains d'une nouvelle oligarchie la puissance industrielle, la puissance sociale. De là, au nom même de la Révolution ou au nom de l'individu, l'idéal communiste. Un moment, l'effervescence de la lutte et du péril avait paru mêler dans une œuvre révolutionnaire commune la bourgeoisie et le prolétariat ; mais bientôt, quand la Révolution, refroidie, laissa tomber son écume prolétarienne et apparaître son fond bourgeois, quand le mouvement humain dévia, comme il devait nécessairement dévier, sous le régime propriétaire, en mouvement de classe, les communistes avec Babeuf et Buonarotti rappelèrent la Révolution au large idéal d'humanité ; ils réclamèrent, pour tous les individus que menaçait, qu'étreignait une tyrannie nouvelle, les nécessaires garanties de la propriété commune.

Aussi bien ceux de nos contradicteurs qui vont un peu au fond des choses ne le contestent pas. Ils reconnaissent, avec M. Espinas, que le socialisme est l'expression suprême de l'individualisme révolutionnaire. Mais ils nous reprochent précisément de pousser cet individualisme jusqu'à la négation même de toute société et de tout idéal. De hauts esprits, comme M. Boutroux, si j'en juge par ses déclarations successives en Sorbonne, semblent troublés de cette crainte. Et il m'a paru que tantôt il approchait du socialisme avec sympathie et tantôt il s'en détournait avec inquiétude. Je crois avoir démêlé la raison de ce trouble. Il n'accueille pas contre les socialistes les objections vulgaires. Il sait très bien qu'ils ne sont pas des barbares, qu'ils veulent au contraire universaliser la culture humaine. Il ne redoute pas non plus l'intervention de la société pour des fins idéales. Il trouve très noble de proclamer, pour tout homme, le droit à la vie et à la lumière. Que la nation moderne soit chargée, comme la cité antique, d'une haute fonction civilisatrice, cela ne le heurte point, mais l'attire, au contraire. Ce qui l'inquiète, c'est que, dans le socialisme, l'individu se proclame le centre et le but, qu'il ne se subordonne à rien et qu'il se subordonne toute chose. Affranchir ainsi la vie humaine, n'est-ce pas l'isoler et l'appauvrir ? Sans doute les individus feront partie de vastes systèmes :

mais ces systèmes ne vaudront pour eux que par leur rapport à eux ; l'individu humain ne sera plus un instrument : mais c'est l'univers, c'est le tout qui sera devenu l'instrument de l'individu. L'individu n'aura au-dessus de lui aucune force ; mais il n'aura au-dessus de lui aucun idéal. Il sera le sommet superbe et aride, que ne domine aucun autre sommet, sur lequel ne passe même pas l'ombre des nuées, mais qui ne connaît plus au-dessus de lui que le vide de l'espace et la tristesse des solitudes.

Et je suis prêt à accorder qu'en effet dans le mouvement socialiste, ou tout au moins dans le premier moment de la dialectique socialiste, l'individu est la fin suprême. Le socialisme veut briser tous les liens. Il veut désagréger tous les systèmes d'idées et tous les systèmes sociaux qui entravent le développement individuel. Ou Dieu n'est pas, ou il est l'Unité idéale qui permet l'harmonie et l'expansion de toutes les forces. Ou il n'est pas, ou il n'est qu'un moyen de liberté. L'humanité elle-même n'a pas une sorte de valeur mystique et transcendante. Sa richesse est faite de toutes les énergies individuelles. Elle n'a pas le droit de se désintéresser du nombre et de manifester son excellence seulement en quelques élus. Elle n'est pas une beauté idéale, se contemplant au miroir de quelques âmes privilégiées. Elle ne vaut pour l'individu humain que dans la mesure où il participe lui-même à la liberté, à la science et à la joie.

De même, le socialisme transforme profondément l'idée de patrie et l'idée de famille. Ni la famille, ni la patrie ne sont en soi des organismes supérieurs et sacrés. L'une et l'autre doivent des comptes et des garanties à l'individu humain.

Le socialisme n'applique pas à la famille la vaine et déclamatoire critique du romantisme bourgeois. Tous les jeunes échauffés s'insurgent contre « la société », c'est-à-dire tout simplement contre l'opinion, qui est sévère pour l'adultère. Ils voudraient promener de ménage en ménage leurs libres et triomphantes amours sans avoir à subir la moindre critique, sans y exposer même la femme aimée : à merveille, mais la famille que troublent leurs fantaisies physiologiques ou autres repose sur des rapports de propriété. Le mariage a pour base une association d'intérêts. Riche, la femme est trop souvent recherchée pour son bien. Pauvre, elle est dans la dépendance du mari qui la fait vivre. Les enfants n'ont d'autres ressources que celles que les parents leur procurent ; ils n'ont d'autre droit que celui qu'ils leur transmettent ; hors du mariage, la femme est à l'abandon ; hors de la famille, les enfants, sans propriété, sont comme perdus dans le désert. La famille est ainsi un monde clos, une forteresse de propriété hors de laquelle il est souvent dangereux, parfois mortel de se risquer. Comment prétendre dès lors que les seules inspirations du cœur, que la seule loi de l'amour doit régler les rapports des membres de la famille entre eux et avec le vaste monde du dehors ? L'amour irrésistible et fatal de la bourgeoisie romantique, quand il déclamait contre le privilège conjugal tout en respectant le privilège de propriété, commettait la plus lamentable contradiction. Ou plutôt il était hypocritement égoïste. Il entendait garder son privilège bourgeois de propriété, ses titres de rente, son luxe d'éducation et d'esprit ; mais il voulait pratiquer à ses heures une sorte de communisme sexuel. Or la nouvelle société bourgeoise issue de la Révolution avait été avertie par l'expérience de la noblesse du XVIIIe siècle. Celle-ci avait joué avec la vie de famille. Elle avait ouvertement et officiellement permis le dévergondage conjugal. Mais avec la même étourderie, la même insouciance, elle avait laissé monter la Révolution. Au contraire, la bourgeoisie nouvelle avait un tel culte de la propriété, reconstituée à son profit, qu'elle exigeait, au moins dans les apparences, le respect de la famille, qui était une des formules de la propriété. Le jeune exalté qui ne voulait pas détruire les forteresses de la propriété bourgeoise, mais qui priait la dame d'ouvrir la fenêtre, était un inconséquent. Quand il se révoltait contre « l'hypocrisie » du monde, il se trompait. C'est le monde qui était logique en défendant avec la même rigueur la famille et la propriété. Anarchistes à l'égard du mariage, et conservateurs à l'égard de la propriété, les élégiaques du romantisme ne jouaient pas franc-jeu.

De même les inquiétudes de Dumas fils étaient insolubles. Il voulait avant tout sauver l'institution du mariage ; mais, pour qu'elle pût survivre, il lui demandait de s'assouplir un peu et de s'accommoder aux droits, aux exigences de l'individu humain. C'est ainsi qu'il a longtemps demandé le divorce, pour que la personne humaine ne fût pas blessée en sa liberté, en sa dignité, en son droit au bonheur, par la fatalité d'un mariage irréparable. C'est ainsi qu'il voudrait faire rentrer le fils naturel dans les cadres de la vie sociale. C'est ainsi, même, qu'il demande le pardon, le respect, pour la jeune fille qui sans s'avilir a failli et hors du mariage s'est donnée. Dumas fils heurte toujours dans ses œuvres l'institution du mariage qu'il veut maintenir ou même renforcer, et le droit individuel de l'être humain qui prétend, même en dehors de ce cadre légal, à la vie et à la joie. Mais parce qu'il est resté dans la sphère de la pensée bourgeoise, parce qu'il n'a ni abordé ni même entrevu le problème de la propriété, il se débat en d'irréductibles contradictions. La jeune fille qui se donne sans l'aveu de ses parents et hors du mariage se risque à une aventure intenable et où sa dignité ne peut que sombrer. Elle ne vit que du patrimoine familial. Demain, si l'amant l'abandonne, elle devra, pour nourrir son enfant, redemander asile à la famille dont elle a méconnu la loi. Sa « faute » est bien en effet une faute. Elle n'est pas l'acte d'une volonté libre qui vraiment va se posséder à travers la vie. Elle n'est qu'une surprise ou une fantaisie des sens en contradiction avec tout le système social, que d'ailleurs il faudra subir. De même la solution pseudo-révolutionnaire du divorce n'est qu'un expédient. Elle libère l'un de l'autre l'homme et la femme ; mais le lendemain, si celle-ci n'a point travail assuré et propriété suffisante, quel abîme ! Quant aux enfants, perdant l'appui de la famille sans être assurés de l'appui de la société, ils sont vraiment des orphelins. De même, enfin, l'union libre, ou ce qu'on appelle par dérision de ce mot, n'est qu'une basse caricature du mariage. Là, la femme, livrée sans garantie au caprice de l'homme, n'est qu'une pauvre esclave qui peut être jetée à la rue. Là, la femme est enchaînée par la misère, et l'homme, quand il est bon, est enchaîné par la pitié.

Il n'est qu'un moyen d'assurer dans la vie de famille la liberté et la dignité des êtres humains : c'est de transformer la propriété ; c'est d'assurer à tous, hommes et femmes, les moyens de vivre par le travail libre et fier. C'est d'assurer aux enfants un droit préalable de copropriété qui fait d'eux, même si la famille immédiate se brise ou les abandonne, des membres de la famille humaine. Ainsi, c'est bien sur la volonté libre, c'est sur l'affection réciproque, c'est sur le contrat des libertés que reposera la famille. Ainsi des liens d'affection pourront être noués sans de honteux marchandages de propriété. Des liens funestes pourront être rompus sans que l'individu humain soit à la misère ou à l'abandon. L'union sera vraiment libre, et la propriété n'installera plus les fourneaux de sa basse cuisine sur la pierre du foyer. La famille, au lieu d'être une institution trop souvent contraignante et déprimante, aidera, par la noblesse des affections désintéressées, à la grandeur de l'être humain. Mais ici encore c'est l'individu qui est le but, et l'institution ne vaut que dans la mesure où elle le sert.

De même, dans la pensée socialiste, pour la patrie. À coup sûr le socialisme et le prolétariat tiennent à la patrie française par toutes leurs racines. Dès la Révolution bourgeoise, le peuple acculé défendait héroïquement contre l'étranger la France nouvelle : il y pressentait dorénavant son patrimoine futur. De plus, l'unité nationale est la condition même de l'unité de production et de propriété, qui est l'essence même du socialisme. Enfin, toute l'humanité n'est pas mûre pour l'organisation socialiste, et les nations en qui la révolution sociale est préparée par l'intensité de la vie industrielle et par le développement de la démocratie, accompliront leur œuvre sans attendre la pesante et chaotique masse humaine. Les nations, systèmes clos, tourbillons fermés dans la vaste humanité incohérente et diffuse, sont donc la condition nécessaire du socialisme. Les briser, ce serait renverser les foyers de lumière distincte et ne plus laisser subsister que de vagues lueurs dispersées de nébuleuse. Ce serait supprimer aussi les centres d'action distincte et rapide pour ne plus laisser subsister que l'incohérente lenteur de l'effort universel. Ou plutôt ce serait supprimer toute liberté, car l'humanité, ne condensant plus son action en nations autonomes, demanderait l'unité à un vaste despotisme asiatique. La patrie est donc nécessaire au socialisme. Hors d'elle, il n'est et ne peut rien ; même le mouvement international du prolétariat, sous peine de se perdre dans le diffus et l'indéfini, a besoin de trouver, dans les nations mêmes qu'il dépasse, des points de repère et des points d'appui.

Pourquoi le socialisme serait-il jamais tenté de se séparer de la patrie ? Il n'y a que les feuilles mortes qui se détachent de l'arbre. Il y a cent ans, les émigrés appelèrent à l'étranger parce qu'ils désespéraient que d'elle-même la France nouvelle revînt à eux. Et en violentant la France, ils proclamaient eux-mêmes qu'ils n'étaient plus que le passé. Armand Carrel eut tort lorsque, sous la Restauration, il s'engagea avec quelques amis sous les drapeaux de l'Espagne libérale pour combattre l'armée de Louis XVIII. Son acte n'eût été excusable que si la réaction avait été définitivement maîtresse de la France. Ceux-là seuls émigrent, même pour de nobles causes, qui désespèrent de la patrie. Or le, socialisme sait que le mouvement même de la vie nationale travaille pour lui. Il sait que l'évolution capitaliste et la démocratie lui ouvrent la route. C'est de l'évolution même de la vie nationale qu'il attend la victoire : il est donc au centre même et au cœur de la patrie. Et si le drapeau blanc et le drapeau tricolore ont eu leurs émigrés, le drapeau du socialisme n'aura pas les siens. Même si, un jour, de passagères violences étaient exercées contre le socialisme, il attendrait l'inévitable retour de la France.

Mais si le socialisme et la patrie sont aujourd'hui, en fait, inséparables, il est bien clair que dans le système des idées socialistes, la patrie n'est pas un absolu. Elle n'est pas le but ; elle n'est pas la fin suprême. Elle est un moyen de liberté et de justice. Le but, c'est l'affranchissement de tous les individus humains. Le but, c'est l'individu. Lorsque des échauffés ou des charlatans crient : « La patrie au-dessus de tout », nous sommes d'accord avec eux s'ils veulent dire qu'elle doit être au-dessus de toutes nos convenances particulières, de toutes nos paresses, de tous nos égoïsmes. Mais s'ils veulent dire qu'elle est au-dessus du droit humain, de la personne humaine, nous disons : Non. Non, elle n'est pas au-dessus de la discussion. Elle n'est pas au-dessus de la conscience. Elle n'est pas au-dessus de l'homme. Le jour où elle se tournerait contre les droits de l'homme, contre la liberté et la dignité de l'être humain, elle perdrait ses titres. Ceux qui veulent faire d'elle je ne sais quelle monstrueuse idole qui a droit au sacrifice même de l'innocent, travaillent à la perdre. S'ils triomphaient, la conscience humaine se séparerait de la patrie pour se séparer d'eux, et la patrie tomberait au passé comme une meurtrière superstition. Elle n'est et ne reste légitime que dans la mesure où elle garantit le droit individuel. Le jour où un seul individu humain trouverait, hors de l'idée de patrie, des garanties supérieures pour son droit, pour sa liberté, pour son développement, ce jour-là l'idée de patrie serait morte. Elle ne serait plus qu'une forme de réaction. Et c'est sauver la patrie que de la tenir dans la dépendance de la justice.

* * *

Ainsi il est bien vrai que, pour les socialistes, la valeur de toute institution est relative à l'individu humain. C'est l'individu humain, affirmant sa volonté de se libérer, de vivre, de grandir, qui donne désormais vertu et vie aux institutions et aux idées. C'est l'individu humain qui est la mesure de toute chose, de la patrie, de la famille, de la propriété, de l'humanité, de Dieu. Voilà la logique de l'idée révolutionnaire. Voilà le socialisme.

Mais cette exaltation de l'individu, fin suprême du mouvement historique, n'est contraire ni à l'idéal, ni à la solidarité, ni même au sacrifice. Quel plus haut idéal que de faire entrer tous les hommes dans la propriété, dans la science, dans la liberté, c'est-à-dire dans la vie ? Jusqu'ici l'idéal, timide ou débile, renonçait à façonner toute la substance humaine. Le christianisme exaltait les élus et jetait au gouffre de damnation les multitudes. La Révolution bourgeoise proclamait l'égalité théorique des hommes, mais elle permettait au privilège de propriété d'asservir une classe à une autre classe. Pour la première fois, depuis l'origine de l'histoire, c'est l'humanité tout entière, en tous ses individus, en tous ses atomes, qui est appelée à la propriété et à la liberté, à la lumière et à la joie. La personne humaine n'affirme plus seulement sa dignité, sa grandeur, en quelques exemplaires de choix ou en quelques classes de privilège : elle l'affirme en tous ses individus. Quel que soit l'être de chair et de sang qui vient à la vie, s'il a figure d'homme il porte en lui le droit humain, la puissance humaine : il pourra penser sans relever d'aucun dogme ; il pourra travailler, sur une loi d'égalité fraternelle, sans relever d'aucun maître. Il possédera pour sa part, dans la communauté sociale, les moyens d'action par lesquels l'homme soumet la nature.

Ainsi, par le socialisme, l'idéal humain n'est plus le rayon qui touche seulement les cimes ou qui n'effleure que les surfaces. Dans l'immense tourbillon de la vie humaine, il n'est pas une poussière qui ne vibre de clarté. Jamais l'unité du fait et du droit, jamais la pénétration de la matière et de l'esprit n'aura été plus profonde. Toute une race d'êtres, tout un ensemble organique, affranchi de la loi de brutalité, sera vraiment élevé au-dessus de la nature. Pour la première fois, c'est bien l'humanité qui dominera les choses. Sous la loi du capital, l'humanité, soumise à la concurrence meurtrière et à la force, n'est encore qu'une portion de la nature : le mineur salarié et dépendant qui descend aux galeries profondes n'est pas pleinement un homme ; il est une pièce dans un mécanisme de production brute ; il est une force de la nature aux prises avec d'autres forces de la nature. Demain, quand tous les producteurs seront affranchis, quand ils seront, dans leur travail même, pleinement libres, quand ce travail sera un acte de liberté et non plus un fait de nature, c'est l'humanité elle-même qui descendra au plus profond des puits, qui labourera les chaumes, qui fondra et martèlera les métaux : ce ne sera plus la servitude de l'homme se mêlant à la servitude des choses, mais la haute liberté humaine façonnant la terre, ses forces et ses éléments ; la terre aura été vraiment conquise par l'esprit de liberté.

En vain dit-on que l'individu humain, arrivé au plus haut, sera abattu et triste, ne voyant plus rien au-dessus de lui. D'abord, au-dessus de lui, il verra toujours lui-même. Toujours, il pourra tendre à plus de force, à plus de pensée, à plus d'amour aussi. Précisément parce qu'il sera débarrassé de toute contrainte et de toute exploitation, il songera sans cesse à se développer, à se hausser, à mettre en valeur toutes ses énergies. Quand les hommes ne pourront plus dépenser leur force, amuser leur orgueil et nourrir leur convoitise à dominer et pressurer les autres hommes, il faudra bien qu'ils s'emploient à grandir leurs propres facultés ; et comme les chrétiens se passionnaient à surveiller et à épurer leur vie intérieure, l'homme de l'humanité socialiste se passionnera à accroître sa valeur humaine. Mais il ne s'enfermera point en soi. Proclamer la valeur suprême de l'individu humain, c'est refréner l'égoïsme envahissant des forts : ce n'est pas décréter l'égoïsme universel. Au contraire, quand l'individu humain saura que sa valeur ne lui vient ni de la fortune, ni de la naissance, ni d'une investiture religieuse, mais de son titre d'homme, c'est l'humanité qu'en lui-même il respectera. Or, comme il n'en est qu'un infime et fragile exemplaire, c'est l'humanité tout entière, dans ses manifestations multiples, dans son développement illimité, qu'il voudra aimer et servir. Nulle force extérieure ne le contraindra en sa conscience ; mais c'est lui-même qui franchira ses propres limites pour vivre d'une vie plus vaste et goûter même à la joie supérieure du sacrifice. Dans notre société déchirée d'antagonismes mortels, le sacrifice n'est plus possible. Les prétendus dévouements des classes privilégiées ne sont plus que mensonges : car elles ont peur, et leur charité est un calcul d'assurance. Les classes opprimées ne connaissent plus le sacrifice depuis qu'elles ne croient plus au droit supérieur, à la beauté supérieure des puissances dirigeantes. On ne s'immole qu'à meilleur que soi, et le sacrifice cesse où la duperie commence. Aujourd'hui, les classes opprimées ne donnent pas : elles laissent prendre, en attendant qu'elles se soulèvent. La guerre sociale arrivée à la conscience aiguë a supprimé le sacrifice. Au contraire, dans la grande paix socialiste, c'est en se donnant à ceux qui cherchent et souffrent, à ceux dont l'esprit s'inquiète et dont le cœur s'afflige, que l'homme prendra vraiment conscience de soi.

Vivre en autrui est la vie la plus haute, car lorsque, par un acte de liberté, nous avons franchi nos propres limites, nous n'en rencontrons plus, et une sorte d'infinité s'ouvre à nous. Aristote a dit que le plus grand bienfait de la propriété, c'est qu'elle permet de donner. Ainsi, quand tous les hommes auront la propriété d'eux-mêmes, il sera doux à plusieurs de faire don de soi. À quoi ? À l'humanité souffrante et grande, sublime et lasse, qui portera en elle, bien longtemps après la promulgation du droit, un lourd héritage de bestialité, des instincts grossiers, des esprits obscurs, des âmes haineuses, des volontés lâches, et qu'il faudra sans cesse animer, éclairer, apaiser, pour qu'elle soit digne d'elle-même et que la terre soit dans l'espace un joyau de lumière, de force et de douceur.

* * *

Mais, au-delà même de l'humanité, l'homme affranchi s'associera à l'univers. L'avènement du socialisme sera comme une grande révélation religieuse. Que l'humanité, sortie de la planète obscure et brutale, ait pu se hausser enfin à la justice et à la clarté ; que, par l'évolution de la nature, l'homme se soit élevé au-dessus de la nature même, c'est-à-dire au-dessus de la violence et du conflit ; que du choc des forces et des instincts ait jailli l'harmonie des volontés, quel prodige ! Et comment l'homme ne se demanderait-il pas s'il n'y a point au fond des choses un mystère d'unité et de douceur et si le monde n'a pas un sens ? La religion est une conception générale et vivante de l'univers qui, au lieu de guider quelques esprits et de se prêter à quelques jeux de spéculation, émeut, pendant toute une période de l'histoire, toute une portion de la race humaine. C'est comme une prise de possession familière du monde par l'humanité.

Pour qu'un grand système religieux surgisse, il faut la rencontre et comme la fusion d'un grand mouvement de pensée et d'un grand mouvement social. Le christianisme avait été préparé, en son fond métaphysique et moral, par tout le développement de la pensée antique ; mais il a fallu la grande crise sociale de l'empire romain, la souffrance du monde vaincu, la révolte intérieure des humbles écrasés par toutes les forces extérieures, pour que la pensée des mystiques et des philosophes s'incorporât à l'humanité. La Révolution de 1789 a suscité des velléités religieuses, mais puériles et vaines. Car, quoiqu'elle fût, elle aussi, à la rencontre d'un grand mouvement de pensée, la pensée du XVIIIe siècle, et d'un grand mouvement social, l'avènement de la bourgeoisie, elle était trop discordante, trop chaotique et troublée pour donner à l'humanité un sens nouveau de l'unité du monde. Tout était incomplet en elle et incertain, le mouvement social comme le mouvement de la pensée. La classe révolutionnaire qui arrivait au pouvoir portait en elle contradiction et discorde : car elle proclamait le droit humain, et confisquait au profit d'une oligarchie la révolution resserrée. Et elle voyait remuer au-dessous d'elle un prolétariat dont la voix confuse bégayait déjà un mot d'ordre nouveau. Comment cette révolution incomplète et agitée, qui dès la première heure sentait tressaillir en elle la menace d'une révolution nouvelle, aurait-elle pu interroger, au nom de l'humanité, le mystère du monde ? La science même, malgré d'admirables découvertes et de prodigieuses inventions, n'avait pas dégagé encore cette loi supérieure d'évolution qui rattache le mouvement humain au mouvement universel et qui sollicite la pensée à de magnifiques espérances. Demain, au contraire, l'humanité, affranchie par le socialisme et réconciliée avec elle-même, prendra conscience en sa vivante unité de l'unité du monde, et interprétant à la lumière de sa victoire l'obscure évolution des forces, des formes, des êtres, elle pourra entrevoir, comme en un grand rêve commun de toutes ses énergies pensantes, l'organisation progressive de l'univers, l'élargissement indéfini de la conscience et le triomphe de l'esprit. La révolution de justice et de bonté accomplie par cette portion de nature qui était hier l'humanité, sera comme un appel et un signal à la nature elle-même. Pourquoi ne tendrait-elle pas tout entière à sortir de l'inconscience et du désordre, puisqu'elle a pu, en l'humanité, arriver à la conscience, à la lumière et à la paix ? Ainsi, du haut de sa victoire de justice, l'humanité laissera tomber au plus profond de l'abîme des choses une parole d'espérance, et elle écoutera monter vers elle l'écho de l'universel désir tout plein de pressentiments.

Mais quelle que soit la tendance de l'homme nouveau à s'agrandir de toute la vie humaine et de toute la vie du monde, c'est l'individu qui restera toujours à lui-même sa règle. C'est par un acte libre qu'il se donnera aux autres hommes ; il ne se laissera ravir par aucune violence le droit de se donner. Et il demandera toujours à l'univers comme aux hommes le respect de sa liberté intérieure. Il n'acceptera d'autre idéal suprême que celui qui, tout en assurant l'unité du monde, établira l'énergie, et consacrera l'autonomie des individus. En recevant du socialisme le droit absolu à la pensée libre et un droit indestructible de propriété, l'homme peut entrer dans la communauté sociale, il peut entrer aussi dans la communauté de l'univers ; il ne risque ni d'être absorbé ni de se dissoudre. Il est prêt à s'harmoniser à un système de forces toujours plus vaste ; il est prêt à collaborer à une œuvre toujours plus lointaine et plus haute ; mais il reste un centre autonome de pensée et d'action ; il peut affronter la puissance de la communauté humaine et le mystère du monde. Il est à jamais impénétrable à toute force d'oppression ou de dissolution.

* * *

Et en fait, depuis un siècle, tous les penseurs socialistes ont affirmé la liberté nécessaire de l'individu. Quand Babeuf a préparé la conspiration des Égaux, il marchait d'accord avec ce qu'on peut appeler les restes de l'extrême gauche jacobine, avec les débris de la Montagne. Préface de l'oligarchie bourgeoise toujours plus apeurée et du despotisme menaçant, les apôtres de la Révolution communiste agissaient de concert avec les survivants de la Révolution individualiste. Babeuf ne se proposait pas seulement d'appeler le peuple « au bonheur commun », il se proposait de sauver la liberté menacée, la Révolution en péril ; et c'est pour enraciner au plus profond du sol les libertés de la Révolution bourgeoise qu'il voulait étendre à tout le peuple souffrant, et dupé une fois de plus, la garantie de la propriété. Fourier s'ingéniait à éliminer de ses combinaisons sociales toute contrainte ; il voulait que la complexité du monde nouveau répondît si largement et si délicatement à toute la complexité de la nature humaine, que la société se mût par le seul jeu des passions et même des fantaisies, et que les hommes fussent conduits, selon l'image de Platon, par un simple fil d'or. Il attaquait en même temps les économistes et les philosophes du XVIIIe siècle, les uns pour avoir glorifié la richesse sans en assurer une juste répartition, les autres pour avoir prêché une égalité d'ascétisme et de retranchement ; il voulait l'abondance dans la justice, l'exaltation et l'essor de toutes les forces organisées. Et, à coup sûr, la société communiste de demain, quoiqu'elle ne doive pas procéder du seul jeu des associations locales et des groupements spontanés, s'assouplira infiniment, et multipliera les formes de vie et les mécanismes d'action pour suffire à toute la diversité de l'homme.

De même, malgré l'apparence plus autoritaire de leur doctrine, les saint-simoniens étaient hautement individualistes. Sans doute ils combattaient l'anarchie bourgeoise, le désordre de la production et de l'échange, et ils voulaient y substituer l'harmonie de la production collective, sur l'autorité des plus savants et des plus sages : mais cette autorité ne pouvait avoir son fondement que dans la libre volonté des associés, et elle ne pouvait avoir d'autre effet que l'entier développement de toutes les facultés individuelles. Transfigurant, comme dit le Producteur, la parole évangélique, ils disaient : « Tous seront appelés, et tous seront élus », mais élus à une vie d'action et de liberté.

Enfin il faut bien se garder de voir dans la dialectique hégélienne de Marx, réfléchie en matérialisme économique, une forme de fatalisme, de mécanisme contraignant. Selon Marx, le fait économique est la base de l'histoire : il est impossible que le système de la production, du travail, de la propriété, qui façonne la vie quotidienne des hommes, ne détermine pas aussi de proche en proche les modes supérieurs de l'activité humaine, la philosophie, la morale, l'art, la religion. Mais il ne faut pas croire que ce sont là des réflexes immédiats : les forces toujours plus variées et plus riches de la nature humaine désunifient, sans le rompre, le thème de l'ordre économique. De même que le tisserand, tout en subissant la loi de son métier à tisser, crée les étoffes les plus diverses de dessin et de couleur, de même, sur le métier des forces économiques, l'histoire tisse les existences humaines les plus variées. La forme économique détermine tous les modes de l'activité humaine, mais on ne peut déduire ceux-ci de celle-là. Engels, dans ses derniers commentaires du marxisme, a touché presque à la pensée de Comte qui donne comme cadre aux phénomènes plus complexes la loi des phénomènes plus simples, mais qui ne réduit pas les plus complexes aux plus simples. Ainsi, quand la société communiste de demain sera réalisée, il est évident que cette révolution profonde dans la propriété, dans le travail, dans la vie élémentaire de l'humanité, se répercutera sur toutes ses conceptions. Dans le grand miroir de l'humanité communiste, l'univers ne se reflétera pas comme dans la conscience infiniment morcelée de l'humanité présente. Mais sous la loi générale de l'inspiration communiste, quelle prodigieuse et incalculable diversité d'action, de pensée et de rêve ! Aussi Marx se garde-t-il bien de déterminer d'avance les modes précis de la société nouvelle.

Quand les socialistes se refusent à décrire le détail de la société de demain, on les accuse de ruser : ils respectent tout simplement la liberté de l'évolution et la richesse de la vie. Ils savent quelle est la direction générale des faits, et la tendance générale des volontés. Ils savent que l'appropriation collective des moyens de production est préparée par le grand mouvement capitaliste, et ils savent aussi que seule cette appropriation collective permettra, dans les conditions de la technique moderne, d'universaliser la propriété, c'est-à-dire la liberté. Mais quels seront les effets particuliers, en tous les modes de la vie, de cette loi générale et dominante du socialisme ? Nul ne le peut dire, d'abord parce que ces effets sont innombrables, ensuite parce qu'ils sont subordonnés à des conditions changeantes, enfin parce que, malgré le déterminisme général des phénomènes sociaux, la volonté humaine aura une part d'action dans l'agencement des mécanismes qui concilieront l'unité de la production et l'initiative des individus.

Ce qui est certain dès maintenant, c'est que, partout où il est organisé en un parti, le socialisme agit dans le sens des libertés individuelles, liberté politique, liberté du vote, liberté de conscience, liberté du travail. Bien mieux, quoiqu'il combatte le privilège de la propriété bourgeoise, il regrette que la bourgeoisie soit impuissante très souvent à défendre contre la réaction les conquêtes libérales. Et il l'y aide toujours quand il le faut. Les socialistes italiens ne cessent de se tourner avec angoisse vers la bourgeoisie ; ils la supplient d'accomplir son œuvre, qui est de créer la production capitaliste et de protéger la liberté politique. Et ils lui disent : « Ne vous défiez pas de nous. Sans doute, la loi de l'histoire destine la propriété bourgeoise à être absorbée dans la propriété sociale. Mais nous savons bien que ce n'est pas une Italie rudimentaire, somnolente et pauvre, qui affranchira le prolétariat. Nous sommes prêts à vous aider dans votre œuvre, nous voulons secouer la torpeur du peuple pour qu'il prenne au sérieux son droit politique et son devoir de contrôle. Nous voulons chercher avec vous un régime économique qui permette la grande production. » – De même, les socialistes autrichiens, qui se heurtent à tant de survivances du système de Metternich, et même de l'économie féodale, appellent de tous leurs vœux l'avènement d'une bourgeoisie active et d'un capitalisme puissant. Ils savent bien, par exemple, que la Galicie, où les rapports des nobles, des paysans et des juifs perpétuent le système du Moyen Âge, ne peut être arrachée à cette ornière du passé que par l'activité industrielle et politique d'une bourgeoisie puissante. – Et en Allemagne, que de fois les socialistes ont déploré que la bourgeoisie ait manqué à sa mission historique ! Deux fois, disent-ils, en 1848, au moment du Parlement de Francfort, et en 1866, dans la période du conflit, elle a pu donner à l'Allemagne l'unité et la liberté. Deux fois, elle s'est dérobée, et elle a permis à la réaction féodale, à l'absolutisme monarchique et à la violence militaire de marquer de leur empreinte l'unité de la nation. C'est pour réparer cette faute que le socialisme allemand, en même temps qu'il prépare l'avènement social du prolétariat, lutte chaque jour pour les libertés intellectuelles et politiques de l'Allemagne. Il soulève contre les féodaux mêmes cette bourgeoisie progressiste qui le dénonce, et il fait échec au militarisme. – Enfin, en France même, pourquoi, dans une crise récente où il ne semblait pas qu'il eût un intérêt direct, le socialisme est-il intervenu ? Ce n'est pas seulement parce qu'il est un parti d'humanité et qu'il ne peut se désintéresser d'aucune question humaine. C'est aussi parce qu'il ne veut pas que des passions fanatiques resserrent et appauvrissent la bourgeoisie elle-même. C'est une grande force pour notre pays et pour la liberté que la bourgeoisie française soit formée d'éléments divers, d'origine catholique, protestante, et juive ; c'est cette diversité qui lui permet d'échapper à la décadence de la bourgeoisie dans les pays latins. Et le socialisme a besoin que les classes aujourd'hui gouvernantes et possédantes gardent le plus possible de liberté et de vie ; il se propose si peu d'amortir et de contraindre les forces humaines qu'il voudrait que l'activité du monde fût au plus haut avant qu'il en prît possession au nom de la justice.

Dira-t-on, comme on le fait souvent, que ce sont les socialistes eux-mêmes, dans le fameux manifeste de Marx, qui ont parlé de la dictature du prolétariat ? Mais cette parole ne peut s'appliquer à l'ordre socialiste une fois réalisé ; elle n'y aurait pas de sens, car il n'y aura plus alors de prolétaires. C'est une formule de la tactique révolutionnaire pendant la prise de possession du pouvoir. Ici, nous sommes réduits aux conjectures. Nul ne peut dire avec certitude par quelle voie sera institué l'ordre nouveau. Il est fort probable que l'avènement du prolétariat aura, comme naguère celui de la bourgeoisie, un caractère révolutionnaire. Quand le prolétariat socialiste aura été porté au pouvoir par les événements, par une crise de l'histoire, il ne commettra pas la faute des révolutionnaires de 1848 : il réalisera d'emblée la grande réforme sociale de la propriété, et il ne laissera pas à la réaction le temps d'égarer ou de violenter les masses. Mais le prolétariat, au contraire de la bourgeoisie, ne survivra pas à sa victoire : il disparaîtra dans l'ordre nouveau fondé par lui. Et il serait aussi injuste de reprocher au socialisme « la dictature du prolétariat » que de confondre avec les journées révolutionnaires la vie normale de la bourgeoisie et du capital. En fait, par leur propagande tous les jours plus active et plus étendue, qui s'adresse à la fois à la classe ouvrière, aux paysans et à la bourgeoisie intellectuelle, les socialistes diminuent sans cesse la force de résistance de la société d'aujourd'hui ; ils diminuent par là même les chances de « dictature » prolétarienne. Avant peu, l'idéal socialiste aura si profondément pénétré, qu'au lendemain de la victoire du prolétariat, des forces innombrables se rallieront autour de lui. Beaucoup hésitent encore parce qu'ils ne croient pas à la possibilité de la justice sociale. Démontrée par le fait, elle sera acceptée de tous, sauf de la petite minorité des privilégiés réduite soudain à l'impuissance, et la période de combat pourra être brève.

* * *

Où donc est la tyrannie socialiste ? Et par quelle confusion étrange dit-on que, dans la société nouvelle, tous les citoyens seront des fonctionnaires ? En fait, c'est dans la société présente que tous les citoyens ou presque tous aspirent à être « des fonctionnaires ». Et, si c'est là la servitude, c'est le monde d'aujourd'hui qui y tend. Mais il n'y aura aucun rapport entre le fonctionnarisme et l'ordre socialiste. Les fonctionnaires sont des salariés : les producteurs socialistes seront des associés. Les fonctionnaires sont dans la dépendance du gouvernement, de l'État, qui est souvent le gardien des intérêts de classe et qui asservit ses agents. Il n'y aura plus d'intérêt de classe à servir dans l'ordre socialiste : qui donc pourrait tyranniser les citoyens ? Les fonctionnaires n'ont pas un intérêt personnel et immédiat à la bonne marche des services publics : les producteurs socialistes auront un intérêt personnel et immédiat à améliorer la production dirigée par eux, à accroître la richesse qu'ils doivent se répartir. Au lieu d'entrer dans la vie dépouillés, sans force et sans droit, tous les citoyens y entreront avec un droit préalable de copropriété sur les moyens de travail. Ce droit, des contrats librement débattus avec la communauté sociale elle-même, avec les groupes locaux et professionnels, en régleront l'exercice. La communauté interviendra nécessairement pour coordonner la production. Elle interviendra aussi pour prévenir tout retour de l'exploitation de l'homme par l'homme. Mais elle laissera le plus libre jeu à l'initiative des individus et des groupes, car elle aura tout entière le plus haut intérêt à stimuler les inventions, à respecter les énergies. Dès maintenant, le prolétariat répugne à toute centralisation bureaucratique. Il tente de multiplier les groupements locaux, les syndicats, les coopératives ; et, tout en les fédérant, il respecte leur autonomie : il sait que, par ces organes multiples, il pourra diversifier l'ordre socialiste, le soustraire à la monotonie d'une action trop concentrée. Quels seront, dans la communauté sociale, les rapports exacts des groupements locaux et de la puissance centrale ? Il est impossible de les préciser d'avance, et ils seront sans doute infiniment complexes et changeants. Mais, ce qui est sûr, c'est que l'organisation centrale ne pourra avoir ni tentation, ni moyen de contrainte. Ni la puissance d'un dieu et d'un dogme, ni la puissance d'un roi, ni la puissance du capital ne domineront la société. Où donc le pouvoir central trouverait-il des moyens d'oppression, et pour quel intérêt opprimerait-il ? Il n'aura d'autre force que celle des groupes, et ceux-ci n'auront d'autre force que celle des individus. Toutes les puissances de progrès, de variété et de vie s'épanouiront, et la société communiste sera la plus complète et la plus mouvante qu'ait vu l'histoire.

Depuis quelques années, les « libéraux » parlent beaucoup de décentralisation. M. Bourget y voit le salut. M. Barrès déplore que les jeunes gens de la Lorraine, au lieu d'éveiller les ressources dormantes de leur province, viennent à Paris. Mais tous ces littérateurs inconséquents ne prennent pas garde que la centralisation dont ils se plaignent est un effet de l'ordre économique. La centralisation politique, intellectuelle, traduit la centralisation économique. Le régime capitaliste a dissocié la propriété et le travail : les porteurs d'actions peuvent dépenser dans les grandes villes les dividendes du travail lorrain et du travail languedocien. Si les jeunes gens de M. Barrès avaient voulu creuser des puits de mine en Lorraine, ils auraient dû solliciter les capitalistes parisiens. Ainsi, par la dissociation du travail et de la propriété, la richesse déserte les régions mêmes qui produisent la richesse ; la vie déserte les régions qui produisent la vie. Au contraire, quand les citoyens associés dans la propriété commune des moyens de production garderont pour eux-mêmes tout le produit de leur travail, la richesse restera au point d'origine, et la vie, au lieu de se concentrer en quelques capitales dévorantes, sera partout répandue. Ou les décentralisateurs ne font que de la littérature, ou il faut qu'ils prennent leur parti entre la réaction et le socialisme. Décentraliser sans transformer la propriété, c'est rétablir la suprématie des vieilles influences terriennes, c'est revenir au passé. Il n'est qu'une décentralisation vivante, c'est le communisme, car, en permettant à chaque individu humain de retenir tout le produit de son travail, il fait de tout individu un centre. Par le socialisme, la vaste harmonie de la vie générale se concilie avec la spontanéité des forces individuelles ; par lui, l'humanité est comme un fleuve où chaque flot est une source.

Le socialisme et la vie [1]

La domination d'une classe est un attentat à l'humanité. Le socialisme, qui abolira toute primauté de classe et toute classe est donc une restitution de l'humanité. Dès lors c'est pour tous un devoir de justice d'être socialistes. Qu'on n'objecte pas, comme le font quelques socialistes et quelques positivistes, qu'il est puéril et vain d'invoquer la justice, que c'est une idée toute métaphysique et ployable en tous sens, et qu'en cette pourpre banale toutes les tyrannies se sont taillé un manteau. Non, dans la société moderne le mot de justice prend un sens de plus en plus précis et vaste. Il signifie qu'en tout homme, en tout individu l'humanité doit être pleinement respectée et portée au plus haut. Or, il n'y a vraiment humanité que là où il y a indé-

1. *La Petite République*, 7 septembre 1901, repris dans *Les Cahiers de la Quinzaine* de Charles Péguy (Études socialistes, 1901).

pendance, volonté active, libre et joyeuse adaptation de l'individu à l'ensemble. Là où des hommes sont sous la dépendance et à la merci d'autres hommes, là où les volontés ne coopèrent pas librement à l'œuvre sociale, là où l'individu est soumis à la loi de l'ensemble par la force et par l'habitude, et non point par la seule raison, l'humanité est basse et mutilée.

C'est donc seulement par l'abolition du capitalisme et l'avènement du socialisme que l'humanité s'accomplira[1].

* * *

Je sais bien que dans la Déclaration des droits de l'homme la bourgeoisie révolutionnaire a glissé un sens oligarchique, un esprit de classe. Je sais bien qu'elle a tenté d'y consacrer à jamais la forme bourgeoise de la propriété, et que même dans l'ordre politique elle a commencé par refuser le droit de suffrage à des millions de pauvres, devenus des citoyens passifs.

1. Jaurès a supprimé ici l'alinéa suivant : « La justice que nous invoquons n'est pas une idée vaine, hypocritement détournée par les diverses classes vers leurs propres fins égoïstes. Elle est la vivante affirmation d'humanité par laquelle tout individu donne l'essor à ses facultés les plus hautes, la liberté et la raison. » (Note de l'éditeur in *Œuvres de Jean Jaurès*, textes classés, présentés et annotés par Max Bonnefous, éd. Rieder, t. II, 1931, p. 353.)

Mais je sais aussi que d'emblée les démocrates se sont servis du droit de l'homme, de tous les hommes, pour demander et conquérir le droit de suffrage pour tous. Je sais que d'emblée les prolétaires se sont appuyés sur les Droits de l'homme pour soutenir même leurs revendications économiques. Je sais que la classe ouvrière, quoiqu'elle n'eût encore en 1789 qu'une existence rudimentaire, n'a pas tardé à appliquer, à élargir les Droits de l'homme dans un sens prolétarien. Elle a proclamé, dès 1792, que la propriété de la vie était la première de toutes les propriétés, et que la loi de cette propriété souveraine devait s'imposer à toutes les autres.

Or, agrandissez, enhardissez le sens du mot vie. Comprenez-y non seulement la subsistance, mais toute la vie, tout le développement des facultés humaines, et c'est le communisme même que le prolétariat greffe sur la Déclaration des droits de l'homme. Ainsi d'emblée le droit humain proclamé par la Révolution avait un sens plus profond et plus vaste que celui que lui donnait la bourgeoisie révolutionnaire. Celle-ci, de son droit encore oligarchique et étriqué, ne suffisait pas à remplir toute l'étendue du droit humain ; le lit du fleuve était plus vaste que le fleuve, et il faudra un flot nouveau, le grand flot prolétarien et humain, pour que l'idée de justice enfin soit remplie.

C'est le socialisme seul qui donnera à la Déclaration des droits de l'homme tout son sens et qui réalisera tout le droit humain. Le droit révolutionnaire bourgeois a affranchi la personnalité humaine de bien des entraves ; mais en obligeant les générations nouvelles à payer une redevance au capital accumulé par les générations antérieures, et en laissant à une minorité le privilège de percevoir cette redevance, il frappe, d'une sorte d'hypothèque au profit du passé et au profit d'une classe toute personnalité humaine.

Nous prétendons, nous, au contraire, que les moyens de production et de richesse accumulés par l'humanité doivent être à la disposition de toutes les activités humaines et les affranchir. Selon nous, tout homme a dès maintenant un droit sur les moyens de développement qu'a créés l'humanité. Ce n'est donc pas une personne humaine, toute débile et toute nue, exposée à toutes les oppressions et à toutes les exploitations, qui vient au monde. C'est une personne investie d'un droit, et qui peut revendiquer, pour son entier développement, le libre usage des moyens de travail accumulés par l'effort humain. Tout individu humain a droit à l'entière croissance. Il a donc le droit d'exiger de l'humanité tout ce qui peut seconder son effort. Il a le droit de travailler, de produire, de créer, sans qu'aucune catégorie d'hommes soumette son travail à une usure et à un joug. Et comme la communauté ne peut assurer le droit de l'individu qu'en mettant à sa disposition les moyens de produire, il faut que la communauté elle-même soit investie, sur ces moyens de produire, d'un droit souverain de propriété.

Marx et Engels, dans le *Manifeste communiste,* ont marqué magnifiquement le respect de la vie, qui est l'essence même du communisme :

> Dans la société bourgeoise, le travail vivant n'est qu'un moyen d'augmenter le travail accumulé dans le capital. Dans la société communiste, le travail accumulé ne sera qu'un moyen d'élargir, d'enrichir, de stimuler la vie des travailleurs.
>
> Dans la société bourgeoise, le passé règne sur le présent. Dans la société communiste, le présent régnera sur le passé[1].

La Déclaration des droits de l'homme avait été aussi une affirmation de la vie, un appel à la vie. C'étaient les droits de l'homme vivant que proclamait la Révolution. Elle ne reconnaissait pas à l'humanité passée le droit de lier l'humanité présente. Elle ne reconnaissait pas aux services passés des rois et des nobles le

1. Je me sers pour la citation du *Manifeste communiste,* de l'excellente traduction nouvelle que vient d'en faire paraître Charles Andler à la Société nouvelle de librairie et d'édition. (Note de Jaurès).

droit de peser sur l'humanité présente et vivante et d'en arrêter l'essor. Au contraire l'humanité vivante saisissait pour le tourner à son usage tout ce que le passé avait légué de forces vives. L'unité française préparée par la royauté devenait, contre la royauté même, l'instrument décisif de révolution. De même les grandes forces de production accumulées par la bourgeoisie deviendront, contre le privilège capitaliste, l'instrument décisif de libération humaine.

La vie n'abolit point le passé : elle se le soumet. La Révolution n'est pas une rupture, c'est une conquête. Et quand le prolétariat aura fait cette conquête, quand le communisme aura été institué, tout l'effort humain accumulé pendant des siècles formera comme une nature bienveillante et riche, accueillant dès leur naissance toutes les personnes humaines, et leur assurant l'entier développement.

* * *

Ainsi, jusque dans le droit révolutionnaire bourgeois, dans la Déclaration des droits de l'homme et des droits de la vie, il y a une racine de communisme. Mais cette logique interne de l'idée de droit et d'humanité serait restée inefficace et dormante sans la vigoureuse action extérieure du prolétariat. Dès les premiers jours de la Révolution, il intervient. Il n'écoute pas les absurdes conseils de classe de ceux qui, comme Marat, lui disent : « Que fais-tu ? et pourquoi vas-tu prendre la Bastille, qui n'a jamais enfermé dans ses murs de prolétaires ? » Il marche ; il livre l'assaut ; il décide du succès des grandes journées ; il court aux frontières ; il sauve la Révolution au-dehors et au-dedans ; il devient une force nécessaire et il recueille en chemin le prix de son incessante action. D'un régime semi-démocratique et semi-bourgeois, il fait en trois ans, de 1789 à 1792, une démocratie pure, où parfois l'action des prolétaires est dominante. À déployer sa force, il prend confiance en lui-même, et il finit par se dire, avec Babeuf, qu'ayant créé une puissance commune, celle de la nation, il doit s'en servir pour fonder le bonheur commun.

Ainsi, par l'action des prolétaires, le communisme cesse d'être une vague spéculation philosophique pour devenir un parti, une force vivante. Ainsi, le socialisme surgit de la Révolution française sous l'action combinée de deux forces : la force de l'idée du droit, la force de l'action prolétarienne naissante. Il n'est donc pas une utopie abstraite. Il jaillit au point le plus bouillonnant, le plus effervescent des sources chaudes de la vie moderne.

Mais voici qu'après bien des épreuves, des victoires partielles et des chutes, à travers la diversité des régimes politiques, le nouvel ordre bourgeois créé par la Révolution se développe. Voici que sous l'Empire, sous la Restauration, le système économique de la bourgeoisie, fondé sur la concurrence illimitée, commence à produire ses effets : accroissement incontestable de richesse, mais immoralité, ruse, perpétuel combat, désordre et oppression. – Le trait de génie de Fourier fut de concevoir qu'il était possible de remédier au désordre, d'épurer et d'ordonner le système social sans gêner la production des richesses, mais, au contraire, en l'accroissant. Pas d'idéal ascétique : libre essor de toutes les facultés, de tous les instincts. La même association qui supprimera les crises multipliera les richesses en ordonnant, en combinant les efforts. Ainsi la nuance d'ascétisme dont la Révolution avait pu assombrir le socialisme s'évanouit. Ainsi le socialisme, après avoir participé, avec les prolétaires de la Révolution, et avec Babeuf, à toute la vie révolutionnaire, entre maintenant dans le grand courant des richesses et de la production moderne. Par Fourier, par Saint-Simon, il apparaît comme une force capable, non pas de refouler le capitalisme, mais de le dépasser.

Dans l'ordre nouveau qu'entrevoient ces grands génies, la justice ne sera pas achetée au prix des joies de la vie. Au contraire, la juste organisation des forces humaines ajoutera à leur puissance productive. La splendeur des richesses manifestera la victoire du droit, et la joie sera le rayonnement de la justice. Le babouvisme n'avait pas été la négation de la Révolution, mais, au contraire, sa pulsation la plus hardie. Le fouriérisme et le saint-simonisme ne sont pas la négation, la restriction de la vie moderne, mais au contraire son élargissement passionné. Partout donc et toujours le socialisme est une force vivante dans le sens et l'ardent courant de la vie.

Mais aux grands rêves d'harmonie et de richesse pour tous, aux grandes conceptions constructives de Fourier et de Saint-Simon, la bourgeoisie de Louis-Philippe répond par un redoublement d'exploitation de classe, par l'utilisation intensive et épuisante des forces ouvrières, par une orgie de concessions d'État, de monopoles, de dividendes et de primes. Il eût été au moins naïf d'opposer plus longtemps à cette audacieuse exploitation des rêves idylliques. C'est par l'âpre critique de la propriété, de la rente, du fermage, du profit, que répliqua Proudhon : et ici encore la parole qui devait être dite fut dite sous la dictée même et l'âpre inspiration de la vie.

Mais comment compléter l'œuvre de critique par une œuvre d'organisation ? Comment grouper en une vaste unité de combat tous les éléments sociaux que menaçait ou qu'opprimait la puissance de la banque, du monopole et du capital ? Proudhon démêla très vite que l'armée de la démocratie sociale était disparate, qu'elle était mêlée d'un prolétariat de fabriques encore insuffisant en nombre et en force, et d'une petite bourgeoisie industrielle et marchande, d'une artisanerie que la concentration et l'absorption capitaliste guettaient mais n'avaient pas abolie encore. De là, dans la partie positive de l'œuvre de Proudhon, des flottements et des contradictions ; de là un singulier mélange de réaction et de révolution selon qu'il s'applique à sauver par des combinaisons factices de crédit la petite bourgeoisie industrielle ou qu'il pressent l'avènement de la classe ouvrière, force de révolution. Il aurait voulu suspendre les événements, ajourner la crise révolutionnaire de 1848 pour donner à l'évolution économique le temps de dessiner plus nettement sa ligne, et de mieux orienter les esprits. Mais, ici encore, d'où viennent ces hésitations, ces scrupules ou même ces efforts contradictoires, sinon du contact de la sincère pensée socialiste avec la réalité complexe incertaine ? C'est la vie du siècle qui sans cesse retentit en elle.

Et voici que depuis 1848 la grande force décisive et substantielle se manifeste et s'organise. Voici que la croissance de la grande industrie suscite un prolétariat ouvrier, toujours plus nombreux, toujours plus cohérent, toujours plus conscient. Ceux qui avec Marx ont salué l'avènement de cette puissance décisive, ceux qui ont compris que par elle le monde serait transformé ont pu s'exagérer la rapidité du mouvement économique. Ils ont pu, moins prudents que Proudhon, moins avertis que lui des forces de résistance et des ressources de transformation de la petite industrie, simplifier à l'excès le problème et grossir la puissance d'absorption du capital concentré.

Même avec toutes les réserves et restrictions que nous apporte l'étude de la réalité toujours compliquée et multiple, il reste vrai que la classe purement prolétarienne grandit en nombre, qu'elle représente une fraction toujours croissante des sociétés humaines, qu'elle est groupée en des centres de production toujours plus vastes ; il reste vrai qu'elle est toute préparée à concevoir, par la production en grand, la propriété en grand, dont la limite est la propriété sociale.

Ainsi, le socialisme, qui avec Babeuf fut comme le frisson le plus ardent de la Révolution démocratique, qui, avec Fourier et Saint-Simon, fut le plus magnifique agrandissement des promesses de richesse et de puissance que le capitalisme hardi prodiguait au monde, qui, avec Proudhon, fut l'avertissement le plus aigu donné aux sociétés que l'oligarchie bourgeoise dévorait, est maintenant, avec le prolétariat et en lui, la plus forte des puissances sociales, celle qui grandit sans cesse et qui finira par déplacer à son profit, c'est-à-dire au profit de l'humanité dont elle est maintenant l'expression la plus haute, l'équilibre du monde social.

Non, le socialisme n'est pas une conception arbitraire et utopique ; il se meut et se développe en pleine réalité ; il est une grande force de vie, mêlée à toute la vie et capable bientôt d'en prendre la direction. À l'application incomplète de la justice et du droit humain que faisait la Révolution démocratique et bourgeoise, il a opposé la pleine et décisive interprétation des Droits de l'homme. À l'organisation de richesse incomplète, étroite et chaotique qu'essayait le capitalisme, il a opposé une magnifique conception de richesse harmonique où l'effort de chacun s'agrandissait de l'effort solidaire de tous. – À la sécheresse de l'orgueil et de l'égoïsme bourgeois, rapetissé en exploitation censitaire et monopoleuse, il a opposé l'amertume révolutionnaire, l'ironie provocante et vengeresse, la meurtrière analyse qui dissout le mensonge. Et voici enfin qu'à la primauté sociale du capital il oppose l'organisation de classe, tous les jours plus forte, du prolétariat grandissant.

Comment le régime des classes pourrait-il subsister quand la classe opprimée et exploitée grandit tous les jours en nombre, en cohésion, en conscience, et quand elle forme le dessein, tous les jours plus net, d'en finir avec la propriété de classe ?

* * *

Or, en même temps que grandissent les forces réelles, substantielles, du socialisme, les moyens techniques de réalisation socialiste se précisent aussi. C'est la nation qui se constitue de plus en plus dans son unité et dans sa souveraineté et qui est obligée d'assumer de plus en plus des fonctions économiques, prélude grossier de la propriété sociale. Ce sont les grandes communes urbaines et industrielles où par les questions d'hygiène, de logement, d'éclairage, d'enseignement, d'alimentation, la démocratie entrera de plus en plus dans le vif du problème de la propriété et dans l'administration de domaines collectifs. Ce sont les coopératives de tout ordre, coopératives de consommation et coopératives de production, qui se multiplient. Ce sont les organisations syndicales et professionnelles qui s'étendent, s'assouplissent, se diversifient : syndicats, fédérations de syndicats, bourses du travail, fédérations de métiers, fédérations d'industrie.

Et ainsi, il est certain dès maintenant que ce n'est point par la pesante monotonie d'une bureaucratie centrale que sera remplacé le privilège capitaliste. Mais la nation, investie du droit social et souverain de propriété, aura des organes sans nombre, communes, coopératives, syndicats, qui donneront à la propriété sociale le mouvement le plus souple et le plus libre, qui l'harmoniseront avec la mobilité et la variété infinie des forces individuelles. Il y a donc une préparation technique du socialisme comme il y a une préparation intellectuelle et sociale. Ceux-là sont des enfants qui, s'enfiévrant de l'œuvre déjà accomplie, croient qu'il leur suffirait maintenant d'un décret, d'un *Fiat lux* prolétarien pour faire surgir d'emblée le monde socialiste. Mais ceux-là sont des insensés qui ne voient pas l'irrésistible force d'évolution qui condamne la primauté de la bourgeoisie et le régime des classes.

Ce sera la honte intellectuelle du parti radical de n'avoir répondu à l'immense problème qui nous presse tous que par une équivoque formule électorale : « Maintien de la propriété individuelle. » La formule pourra sans doute servir quelque temps à exciter contre le socialisme les ignorances, les frayeurs et les égoïsmes. Mais elle tuera le parti qui est réduit à en faire usage.

Ou elle ne signifie rien, ou elle exprime le conservatisme social le plus étroit. Elle ne pourra tenir longtemps ni devant la science, ni devant la démocratie.

Discours à la jeunesse[1]

C'est une grande joie pour moi de me retrouver en ce lycée d'Albi et d'y reprendre un instant la parole. Grande joie nuancée d'un peu de mélancolie ; car lorsqu'on revient à de longs intervalles, on mesure soudain ce que l'insensible fuite des jours a ôté de nous pour le donner au passé. Le temps nous avait dérobés à nous-mêmes, parcelle à parcelle, et tout à coup c'est un gros bloc de notre vie que nous voyons loin de nous. La longue fourmilière des minutes emportant chacune un grain chemine silencieusement, et un beau soir le grenier est vide.

Mais qu'importe que le temps nous retire notre force peu à peu, s'il l'utilise obscurément pour des œuvres vastes en qui survit quelque chose de nous ? Il y a vingt-deux ans, c'est moi qui prononçais ici le discours d'usage. Je me

1. Prononcé le 31 juillet 1903 au lycée d'Albi.

souviens (et peut-être quelqu'un de mes collègues d'alors s'en souvient-il aussi) que j'avais choisi comme thème : les Jugements humains. Je demandais à ceux qui m'écoutaient de juger les hommes avec bienveillance, c'est-à-dire avec équité, d'être attentifs dans les consciences les plus médiocres et les existences les plus dénuées, aux traits de lumière, aux fugitives étincelles de beauté morale par où se révèle la vocation de grandeur de la nature humaine. Je les priais d'interpréter avec indulgence le tâtonnant effort de l'humanité incertaine.

Peut-être dans les années de lutte qui ont suivi, ai-je manqué plus d'une fois envers des adversaires à ces conseils de généreuse équité. Ce qui me rassure un peu, c'est que j'imagine qu'on a dû y manquer aussi parfois à mon égard, et cela rétablit l'équilibre. Ce qui reste vrai, à travers toutes nos misères, à travers toutes les injustices commises ou subies, c'est qu'il faut faire un large crédit à la nature humaine ; c'est qu'on se condamne soi-même à ne pas comprendre l'humanité, si on n'a pas le sens de sa grandeur et le pressentiment de ses destinées incomparables.

Cette confiance n'est ni sotte, ni aveugle, ni frivole. Elle n'ignore pas les vices, les crimes, les erreurs, les préjugés, les égoïsmes de tout ordre, égoïsme des individus, égoïsme des castes, égoïsme des partis, égoïsme des classes, qui appesantissent la marche de l'homme, et absorbent souvent le cours du fleuve en un tourbillon trouble et sanglant. Elle sait que les forces bonnes, les forces de sagesse, de lumière, de justice, ne peuvent se passer du secours du temps, et que la nuit de la servitude et de l'ignorance n'est pas dissipée par une illumination soudaine et totale, mais atténuée seulement par une lente série d'aurores incertaines.

Oui, les hommes qui ont confiance en l'homme savent cela. Ils sont résignés d'avance à ne voir qu'une réalisation incomplète de leur vaste idéal, qui lui-même sera dépassé ; ou plutôt ils se félicitent que toutes les possibilités humaines ne se manifestent point dans les limites étroites de leur vie. Ils sont pleins d'une sympathie déférente et douloureuse pour ceux qui, ayant été brutalisés par l'expérience immédiate, ont conçu des pensées amères, pour ceux dont la vie a coïncidé avec des époques de servitude, d'abaissement et de réaction, et qui, sous le noir nuage immobile, ont pu croire que le jour ne se lèverait plus. Mais eux-mêmes se gardent bien d'inscrire définitivement au passif de l'humanité qui dure les mécomptes des générations qui passent. Et ils affirment, avec une certitude qui ne fléchit pas, qu'il vaut la peine de penser et d'agir, que l'effort humain vers la clarté et le droit n'est jamais perdu. L'histoire enseigne aux hommes la difficulté des grandes tâches et la lenteur des accomplissements, mais elle justifie l'invincible espoir.

Dans notre France moderne, qu'est-ce donc que la République ? C'est un grand acte de confiance. Instituer la République, c'est proclamer que des millions d'hommes sauront tracer eux-mêmes la règle commune de leur action ; qu'ils sauront concilier la liberté et la loi, le mouvement et l'ordre ; qu'ils sauront se combattre sans se déchirer ; que leurs divisions n'iront pas jusqu'à une fureur chronique de guerre civile, et qu'ils ne chercheront jamais dans une dictature même passagère une trêve funeste et un lâche repos. Instituer la République, c'est proclamer que les citoyens des grandes nations modernes, obligés de suffire par un travail constant aux nécessités de la vie privée et domestique, auront cependant assez de temps et de liberté d'esprit pour s'occuper de la chose commune. Et si cette République surgit dans un monde monarchique encore, c'est assurer qu'elle s'adaptera aux conditions compliquées de la vie internationale sans entreprendre sur l'évolution plus lente des autres peuples, mais sans rien abandonner de sa fierté juste et sans atténuer l'éclat de son principe.

Oui, la République est un grand acte de confiance et un grand acte d'audace. L'invention en était si audacieuse, si paradoxale, que même les hommes hardis qui, il y a cent dix ans, ont révolutionné le monde, en écartèrent d'abord l'idée. Les Constituants de 1789 et de 1791, même les Législateurs de 1792 croyaient que la monarchie traditionnelle était l'enveloppe nécessaire de la société nouvelle. Ils ne renoncèrent à cet abri que sous les coups répétés de la trahison royale. Et quand enfin ils eurent déraciné la royauté, la République leur apparut moins comme un système prédestiné que comme le seul moyen de combler le vide laissé par la monarchie. Bientôt cependant, et après quelques heures d'étonnement et presque d'inquiétude, ils l'adoptèrent de toute leur pensée et de tout leur cœur. Ils résumèrent, ils confondirent en elle toute la Révolution. Et ils ne cherchèrent point à se donner le change. Ils ne cherchèrent point à se rassurer par l'exemple des républiques antiques ou des républiques helvétiques et italiennes. Ils virent bien qu'ils créaient une œuvre nouvelle, audacieuse et sans précédent. Ce n'était point l'oligarchique liberté des républiques de la Grèce, morcelées, minuscules et appuyées sur le travail servile. Ce n'était point le privilège superbe de servir la république romaine, haute citadelle d'où une aristocratie conquérante dominait le monde, communiquant avec lui par une hiérarchie de droits incomplets et décroissants qui descendait jusqu'au néant du droit, par un escalier aux marches toujours plus dégradées et plus sombres, qui se perdait enfin dans l'abjection de l'esclavage, limite obscure de la vie touchant à la nuit souterraine. Ce n'était pas le patriciat marchand de Venise et de Gênes. Non, c'était la République d'un grand peuple où il n'y avait que des citoyens et où tous les citoyens étaient égaux. C'était la République de la démocratie et du suffrage universel. C'était une nouveauté magnifique et émouvante.

Les hommes de la Révolution en avaient conscience. Et lorsque, dans la fête du 10 août 1793, ils célébrèrent cette Constitution, qui pour la première fois depuis l'origine de l'histoire organisait dans la souveraineté nationale la souveraineté de tous, lorsque artisans et ouvriers, forgerons, menuisiers, travailleurs des champs défilèrent dans le cortège, mêlés aux magistrats du peuple et ayant pour enseignes leurs outils, le président de la Convention put dire que c'était un jour qui ne ressemblait à aucun autre jour, le plus beau jour depuis que le soleil était suspendu dans l'immensité de l'espace ! Toutes les volontés se haussaient, pour être à la mesure de cette nouveauté héroïque. C'est pour elle que ces hommes combattirent et moururent. C'est en son nom qu'ils refoulèrent les rois de l'Europe. C'est en son nom qu'ils se décimèrent. Et ils concentrèrent en elle une vie si ardente et si terrible, ils produisirent par elle tant d'actes et tant de pensées, qu'on put croire que cette République toute neuve, sans modèles comme sans traditions, avait acquis en quelques années la force et la substance des siècles.

Et pourtant que de vicissitudes et d'épreuves avant que cette République que les hommes de la Révolution avaient crue impérissable soit fondée enfin sur notre sol ! Non seulement après quelques années d'orage elle est vaincue, mais il semble qu'elle s'efface à jamais de l'histoire et de la mémoire même des hommes. Elle est bafouée, outragée ; plus que cela, elle est oubliée. Pendant un demi-siècle, sauf quelques cœurs profonds qui gardaient le souvenir et l'espérance, les hommes la renient ou même l'ignorent. Les tenants de l'Ancien Régime ne parlent d'elle que pour en faire honte à la Révolution : « Voilà où a conduit le délire révolutionnaire ! » Et parmi ceux qui font profession de défendre le monde moderne, de continuer la tradition de la Révolution, la plupart désavouent la République et la démocratie. On dirait qu'ils ne se souviennent même plus. Guizot s'écrie : « Le suffrage universel n'aura jamais son jour. » Comme s'il n'avait pas eu déjà ses grands jours d'histoire, comme si la Convention n'était pas sortie de lui. Thiers, quand il raconte la révolution du 10 août, néglige de dire qu'elle proclama le suffrage universel, comme si c'était là un accident sans importance et une bizarrerie d'un jour. République, suffrage universel, démocratie, ce fut, à en croire les sages, le songe fiévreux des hommes de la Révolution. Leur œuvre est restée, mais leur fièvre est éteinte et le monde moderne qu'ils ont fondé, s'il est tenu de continuer leur œuvre, n'est pas tenu de continuer leur délire. Et la brusque résurrection de la République, reparaissant en 1848 pour s'évanouir en 1851, semblait en effet la brève rechute dans un cauchemar bientôt dissipé.

Et voici maintenant que cette République qui dépassait de si haut l'expérience séculaire des hommes et le niveau commun de la pensée que, quand elle tomba, ses ruines mêmes périrent et son souvenir s'effrita, voici que cette République de démocratie, de suffrage universel et d'universelle dignité humaine, qui n'avait pas eu de modèle et qui semblait destinée à n'avoir pas de lendemain, est devenue la loi durable de la nation, la forme définitive de la vie française, le type vers lequel évoluent lentement toutes les démocraties du monde.

Or, et c'est là surtout ce que je signale à vos esprits, l'audace même de la tentative a contribué au succès. L'idée d'un grand peuple se gouvernant lui-même était si noble qu'aux heures de difficulté et de crise elle s'offrait à la conscience de la nation. Une première fois en 1793 le peuple de France avait gravi cette cime, et il y avait goûté un si haut orgueil, que toujours sous l'apparent oubli et l'apparente indifférence, le besoin subsistait de retrouver cette émotion extraordinaire. Ce qui faisait la force invincible de la République, c'est qu'elle n'apparaissait pas seulement de période en période, dans le désastre ou le désarroi des autres régimes, comme l'expédient nécessaire et la solution forcée. Elle était une consolation et une fierté. Elle seule avait assez de noblesse morale pour donner à la nation la force d'oublier les mécomptes et de dominer les désastres. C'est pourquoi elle devait avoir le dernier mot. Nombreux sont les glissements et nombreuses les chutes sur les escarpements qui mènent aux cimes ; mais les sommets ont une force attirante. La République a vaincu parce qu'elle est dans la direction des hauteurs, et que l'homme ne peut s'élever sans monter vers elle. La loi de la pesanteur n'agit pas souverainement sur les sociétés humaines, et ce n'est pas dans les lieux bas qu'elles trouvent leur équilibre. Ceux qui, depuis un siècle, ont mis très haut leur idéal ont été justifiés par l'histoire.

Et ceux-là aussi seront justifiés, qui le placent plus haut encore. Car le prolétariat dans son ensemble commence à affirmer que ce n'est pas seulement dans les relations politiques des hommes, c'est aussi dans leurs relations économiques et sociales qu'il faut faire entrer la liberté vraie, l'égalité, la justice. Ce n'est pas seulement la cité, c'est l'atelier, c'est le travail, c'est la production, c'est la propriété qu'il veut organiser selon le type républicain. À un système qui divise et qui opprime, il entend substituer une vaste coopération sociale où tous les travailleurs de tout ordre, travailleurs de la main et travailleurs du cerveau, sous la direction de chefs librement élus par eux, administreront la production enfin organisée.

Messieurs, je n'oublie pas que j'ai seul la parole et que ce privilège m'impose beaucoup de réserve. Je n'en abuserai point pour dresser dans cette fête une idée autour de laquelle se livrent et se livreront encore d'âpres combats. Mais comment m'était-il possible de parler devant cette jeunesse qui est l'avenir, sans laisser échapper ma pensée d'avenir ? Je vous aurais offensés par trop de prudence ; car quel que soit votre sentiment sur le fond des choses, vous êtes tous des esprits trop libres pour me faire grief d'avoir affirmé ici cette haute espérance socialiste, qui est la lumière de ma vie.

Je veux seulement dire deux choses, parce qu'elles touchent non au fond du problème, mais à la méthode de l'esprit et à la conduite de la pensée. D'abord, envers une idée audacieuse qui doit ébranler tant d'intérêts et tant d'habitudes et qui prétend renouveler le fond même de la vie, vous avez le droit d'être exigeants. Vous avez le droit de lui demander de faire ses preuves, c'est-à-dire d'établir avec précision comment elle se rattache à toute l'évolution politique et sociale, et comment elle peut s'y insérer. Vous avez le droit de lui demander par quelle série de formes juridiques et économiques elle assurera le passage de l'ordre existant à l'ordre nouveau. Vous avez le droit d'exiger d'elle que les premières applications qui en peuvent être faites ajoutent à la vitalité économique et morale de la nation. Et il faut qu'elle prouve, en se montrant capable de défendre ce qu'il y a déjà de noble et de bon dans le patrimoine humain, qu'elle ne vient pas le gaspiller, mais l'agrandir. Elle aurait bien peu de foi en elle-même si elle n'acceptait pas ces conditions.

En revanche, vous, vous lui devez de l'étudier d'un esprit libre, qui ne se laisse troubler par aucun intérêt de classe. Vous lui devez de ne pas lui opposer ces railleries frivoles, ces affolements aveugles ou prémédités et ce parti pris de négation ironique ou brutale que si souvent, depuis, un siècle même, les sages opposèrent à la République, maintenant acceptée de tous, au moins en sa forme. Et si vous êtes tentés de dire encore qu'il ne faut pas s'attarder à examiner ou à discuter des songes, regardez en un de vos faubourgs ? Que de railleries, que de prophéties sinistres sur l'œuvre qui est là ! Que de lugubres pronostics opposés aux ouvriers qui prétendaient se diriger eux-mêmes, essayer dans une grande industrie la forme de la propriété collective et la vertu de la libre discipline ! L'œuvre a duré pourtant ; elle a grandi : elle permet d'entrevoir ce que peut donner la coopération collectiviste. Humble bourgeon à coup sûr, mais qui atteste le travail de la sève, la lente montée des idées nouvelles, la puissance de transformation de la vie. Rien n'est plus menteur que le vieil adage pessimiste et réactionnaire de l'Ecclésiaste désabusé : « Il n'y a rien de nouveau sous le soleil. » Le soleil lui-même a été jadis une nouveauté, et la terre fut une nouveauté, et l'homme fut une nouveauté. L'histoire humaine n'est qu'un effort incessant d'invention, et la perpétuelle évolution est une perpétuelle création.

C'est donc d'un esprit libre aussi que vous accueillerez cette autre grande nouveauté qui s'annonce par des symptômes multipliés : la paix durable entre les nations, la paix définitive. Il ne s'agit point de déshonorer la guerre dans le passé. Elle a été une partie de la grande action humaine, et l'homme l'a ennoblie par la pensée et le courage, par l'héroïsme exalté, par le magnanime mépris de la mort. Elle a été sans doute et longtemps, dans le chaos de l'humanité désordonnée et saturée d'instincts brutaux, le seul moyen de résoudre les conflits ; elle a été aussi la dure force qui, en mettant aux prises les tribus, les peuples, les races, a mêlé les éléments humains et préparé les groupements vastes. Mais un jour vient, et tout nous signifie qu'il est proche, où l'humanité est assez organisée, assez maîtresse d'elle-même pour pouvoir résoudre par la raison, la négociation et le droit les conflits de ses groupements et de ses forces. Et la guerre, détestable et grande tant qu'elle était nécessaire, est atroce et scélérate quand elle commence à paraître inutile.

Je ne vous propose pas un rêve idyllique et vain. Trop longtemps les idées de paix et d'unité humaines n'ont été qu'une haute clarté illusoire qui éclairait ironiquement les tueries continuées. Vous souvenez-vous de l'admirable tableau que nous a laissé Virgile de la chute de Troie ? C'est la nuit : la cité surprise est envahie par le fer et le feu, par le meurtre, l'incendie et le désespoir. Le palais de Priam est forcé et les portes abattues laissent apparaître la longue suite des appartements et des galeries. De chambre en chambre, les torches et les glaives poursuivent les vaincus ; enfants, femmes, vieillards se réfugient en vain auprès de l'autel domestique que le laurier sacré ne protège pas contre la mort et contre l'outrage ; le sang coule à flots, et toutes les bouches crient de terreur, de douleur, d'insulte et de haine. Mais par-dessus la demeure bouleversée et hurlante, les cours intérieures, les toits effondrés laissent apercevoir le grand ciel serein et paisible, et toute la clameur humaine de violence et d'agonie monte vers les étoiles d'or : « *Ferit aurea sidera clamor.* »

De même, depuis vingt siècles et de période en période, toutes les fois qu'une étoile d'unité et de paix s'est levée sur les hommes, la terre déchirée et sombre a répondu par des clameurs de guerre.

C'était d'abord l'astre impérieux de Rome conquérante qui croyait avoir absorbé tous les conflits dans le rayonnement universel de sa force. L'empire s'effondre sous le choc des barbares, et un effroyable tumulte répond à la prétention superbe de la paix romaine. Puis ce fut l'étoile chrétienne qui enveloppa la terre d'une lueur de tendresse et d'une promesse de paix. Mais atténuée et douce aux horizons galiléens, elle se leva dominatrice et âpre sur l'Europe féodale. La prétention de la papauté à apaiser le monde sous sa loi et au nom de l'unité catholique ne fit qu'ajouter aux troubles et aux conflits de l'humanité misérable. Les convulsions et les meurtres des nations du Moyen Âge, les chocs sanglants des nations modernes, furent la dérisoire réplique à la grande promesse de paix chrétienne. La Révolution à son tour lève un haut signal de paix universelle par l'universelle liberté. Et voilà que de la lutte même de la Révolution contre les forces du vieux monde, se développent des guerres formidables.

Quoi donc ? La paix nous fuira-t-elle toujours ? Et la clameur des hommes, toujours forcenés et toujours déçus, continuera-t-elle à monter vers les étoiles d'or, des capitales modernes incendiées par les obus, comme de l'antique palais de Priam incendié par les torches ? Non ! non ! et malgré les conseils de prudence que nous donnent ces grandioses déceptions, j'ose dire, avec des millions d'hommes, que maintenant la grande paix humaine est possible, et si nous le voulons, elle est prochaine. Des forces neuves y travaillent : la démocratie, la science méthodique, l'universel prolétariat solidaire. La guerre devient plus difficile, parce qu'avec les gouvernements libres des démocraties modernes, elle devient à la fois le péril de tous par le service universel, le crime de tous par le suffrage universel. La guerre devient plus difficile, parce que la science enveloppe tous les peuples dans un réseau multiplié, dans un tissu plus serré tous les jours de relations, d'échanges, de conventions ; et si le premier effet des découvertes qui abolissent les distances est parfois d'aggraver les froissements, elles créent à la longue une solidarité, une familiarité humaine qui font de la guerre un attentat monstrueux et une sorte de suicide collectif.

Enfin, le commun idéal qui exalte et unit les prolétaires de tous les pays les rend plus réfractaires tous les jours à l'ivresse guerrière, aux haines et aux rivalités de nations et de races. Oui, comme l'histoire a donné le dernier mot à la République si souvent bafouée et piétinée, elle donnera le dernier mot à la paix, si souvent raillée par les hommes et les choses, si souvent piétinée par la fureur des événements et des passions. Je ne vous dis pas : c'est une certitude toute faite. Il n'y a pas de certitude toute faite en histoire. Je sais combien sont nombreux encore aux jointures des nations les points malades d'où peut naître soudain une passagère inflammation générale. Mais je sais aussi qu'il y a vers la paix des tendances si fortes, si profondes, si essentielles, qu'il dépend de vous, par une volonté consciente, délibérée, infatigable, de systématiser ces tendances et de réaliser enfin le paradoxe de la grande paix humaine, comme vos pères ont réalisé le paradoxe de la grande liberté républicaine. Œuvre difficile, mais non plus œuvre impossible. Apaisement des préjugés et des haines, alliance et fédérations toujours plus vastes, conventions internationales d'ordre économique et social, arbitrage international et désarmement simultané, union des hommes dans le travail et dans la lumière : ce sera, jeunes gens, le plus haut effort et la plus haute gloire de la génération qui se lève.

Non, je ne vous propose pas un rêve décevant, et ne vous propose pas non plus un rêve affaiblissant. Que nul de vous ne croie que dans la période encore difficile et incertaine qui précédera l'accord définitif des nations, nous voulons remettre au hasard de nos espérances la moindre parcelle de la sécurité, de la dignité, de la fierté de la France. Contre toute menace et toute humiliation, il faudrait la défendre : elle est deux fois sacrée pour nous, parce qu'elle est la France, et parce qu'elle est humaine.

Même l'accord des nations dans la paix définitive n'effacera pas les patries, qui garderont leur profonde originalité historique, leur fonction propre dans l'œuvre commune de l'humanité réconciliée. Et si nous ne voulons pas attendre, pour fermer le livre de la guerre, que la force ait redressé toutes les iniquités commises par la force, si nous ne concevons pas les réparations comme des revanches, nous savons bien que l'Europe, pénétrée enfin de la vertu de la démocratie et de l'esprit de paix, saura trouver les formules de conciliation qui libéreront tous les vaincus des servitudes et des douleurs qui s'attachent à la conquête. Mais d'abord, mais avant tout, il faut rompre le cercle de fatalité, le cercle de fer, le cercle de haine où les revendications même justes provoquent des représailles qui se flattent de l'être, où la guerre tourne après la guerre en un mouvement sans issue et sans fin, où le droit et la violence, sous la même livrée sanglante, ne se discernent presque plus l'un de l'autre, et où l'humanité déchirée pleure de la victoire de la justice presque autant que de sa défaite.

Surtout, qu'on ne nous accuse point d'abaisser et d'énerver les courages. L'humanité est maudite, si pour faire preuve de courage elle est condamnée à tuer éternellement. Le courage, aujourd'hui, ce n'est pas de maintenir sur le monde la sombre nuée de la Guerre, nuée terrible, mais dormante, dont on peut toujours se flatter qu'elle éclatera sur d'autres. Le courage, ce n'est pas de laisser aux mains de la force la solution des conflits que la raison peut résoudre ; car le courage est l'exaltation de l'homme, et ceci en est l'abdication. Le courage pour vous tous, courage de toutes les heures, c'est de supporter sans fléchir les épreuves de tout ordre, physiques et morales, que prodigue la vie. Le courage, c'est de ne pas livrer sa volonté au hasard des impressions et des forces ; c'est de garder dans les lassitudes inévitables l'habitude du travail et de l'action. Le courage dans le désordre infini de la vie qui nous sollicite de toutes parts, c'est de choisir un métier et de le bien faire, quel qu'il soit : c'est de ne pas se rebuter du détail minutieux ou monotone ; c'est de devenir, autant qu'on le peut, un technicien accompli ; c'est d'accepter et de comprendre cette loi de la spécialisation du travail qui est la condition de l'action utile, et cependant de ménager à son regard, à son esprit, quelques échappées vers le vaste monde et des perspectives plus étendues. Le courage, c'est d'être tout ensemble et quel que soit le métier, un praticien et un philosophe. Le courage, c'est de comprendre sa propre vie, de la préciser, de l'approfondir, de l'établir et de la coordonner cependant à la vie générale. Le courage, c'est de surveiller exactement sa machine à filer ou à tisser, pour qu'aucun fil ne se casse, et de préparer cependant un ordre social plus vaste et plus fraternel où la machine sera la servante commune des travailleurs libérés. Le courage, c'est d'accepter les conditions nouvelles que la vie fait à la science et à l'art, d'accueillir, d'explorer la complexité presque infinie des faits et des détails, et cependant d'éclairer cette réalité énorme et confuse par des idées générales, de l'organiser et de la soulever par la beauté sacrée des formes et des rythmes. Le courage, c'est de dominer ses propres fautes, d'en souffrir, mais de n'en pas être accablé et de continuer son chemin. Le courage, c'est d'aimer la vie et de regarder la mort d'un regard tranquille ; c'est d'aller à l'idéal et de comprendre le réel ; c'est d'agir et de se donner aux grandes causes sans savoir quelle récompense réserve à notre effort l'univers profond, ni s'il lui réserve une récompense. Le courage, c'est de chercher la vérité et de la dire ; c'est de ne pas subir la loi du mensonge triomphant qui passe, et de ne pas faire écho, de notre âme, de notre bouche et de nos mains aux applaudissements imbéciles et aux huées fanatiques.

Ah ! vraiment, comme notre conception de la vie est pauvre, comme notre science de vivre est courte, si nous croyons que, la guerre abolie, les occasions manqueront aux hommes d'exercer et d'éprouver leur courage, et qu'il faut prolonger les roulements de tambours qui dans les lycées du premier Empire faisaient sauter les cœurs ! Ils sonnaient alors un son héroïque ; dans notre vingtième siècle, ils sonneraient creux. Et vous, jeunes gens, vous voulez que votre vie soit vivante, sincère et pleine. C'est pourquoi je vous ai dit, comme à des hommes, quelques-unes des choses que je portais en moi.

Table

Mise en page
PCA
44400 Rezé

Achevé d'imprimer sur rotative
par l'Imprimerie Darantiere
à Dijon-Quetigny en
janvier 2011

Dépôt légal : janvier 2011
N° d'impression : 11-0015

Imprimé en France